死に方の流儀

中村メイコさんと山折哲雄先生に訊く

はじめに

私は、四国・高松にある浄土真宗本願寺派のお寺で住職をしている、瑞田信弘《たまだのぶひろ》と申します。現在67歳、私自身も高齢者です。お坊さんとして、お釈迦《しゃか》様の教え、浄土真宗の宗祖親鸞《しんらん》聖人《しょうにん》の教えを、門信徒の方々や地域の人々に伝えようと頑張ってきました。

お釈迦様は、「この世は苦である。苦の原因はその人の煩悩《ぼんのう》である。煩悩がなくなれば悟りの世界が開ける」と説きました。ですから、自ら少しでも煩悩をなくす努力をしましょう、というのがお釈迦様の教えです。

親鸞聖人は、物欲や誘惑といったこの世の煩悩にふりまわされて苦しむ人々に、阿弥陀《あみだ》如来《にょらい》の他力の教えを説きました。自分の力で救いを手に入れようとするのではなく、自分自身の愚かさに気づいて、阿弥陀如来に全部お任せしようとの教えです。

仏教がやることといえば、亡くなった人を供養するためにお経《きょう》をあげることだ、と思われがちです。たしかに、一部にはそういう宗派もあります。しかし、仏教の本来の教えは、いま生きて生活をしている人、一人ひとりが、どの時代もどんな社会でも心豊かに明るく、

強く、前向きな気持ちで生きていくためにあるものなのです。（拙著『浄土真宗の智慧』をご覧ください）

宗教観・仏教観をもつことは、人生観や死生観を育《はぐく》むうえで大変有効だと思います。

日本は、すでに超高齢社会に突入しており、65歳以上の高齢者の割合が28％を超えています。２０２０年には、高齢者の数が３５００万人に達し、75歳以上の後期高齢者の数も１８００万人を超えました。いわゆる「団塊《だんかい》の世代」【昭和22（１９４７）～24（１９４９）年生まれの世代】が75歳以上となる２０２５年には、後期高齢者が２２００万人近くになると見込まれています。

私が担当する葬儀の数も10年前は年間40件ほどでしたが、ここ数年は年間50件を超えています。社会的に見ても、年間の死亡者数がこれからも増加していくことは間違いありません。

身内のどなたかが亡くなるということは、かけがえのない命を失うわけですから、その家庭にとってはきわめて大変な一大事です。

人が死ぬ時には、それぞれ亡くなる前があり、亡くなった時があり、亡くなった後があります。三人称的に見ると単なる他人事なのですが、お坊さんとして二人称で見れば、当事者の方々のそれぞれの思いや心の動き、感情の変化等がひしひしと伝わってきます。

死に直面したときの、人の生き方・死に方にある種の公式があるか？　理念や信念はあるか？　テクニックや要領や運不運があるか？　などといったことに思いを馳《は》せるのですが、みなさんはどう思うでしょうか？

「上手に生きること・上手に死ぬこと」を物差しとして、私は年間約50人、10年間で約500人、20年間で約1000人の生死を見つめてきました。そうしてみると「上手に生き抜いた人」と「そうでもなかった人」、あるいは「上手に死んでいった人」と「そうでもなかった人」がいるような気がします。

人の一生で考えてみると、受験対策、就職活動、婚活、退職後の人生設計など、私たちは、知らず知らずのうちに、いろいろな準備をしてきています。もちろん、人生の終わりとなる「ご自分の死」にどう臨むのかは人生観・死生観の違いもあることですから、人それぞれですが、行き当たりばったりよりも、それなりに計画・準備している方がうまくいく確率は高いと思われます。

「上手に死ぬ準備」――それは今の言葉で言い換えると「終活」です。

「上手に生きて・上手に死のう」――これが私の僧侶としての活動の旗頭《はたがしら》・モットーです。お釈迦様の教えや親鸞聖人の教えも、いま生きる人々が「上手に生きて・上手に死のう」を実現するためにあるんだ、と考えてみると、すべてがストンと腑《ふ》に落ちるような気がします。


一人の人間が死ぬということは、本人の立場で見てみると、次のような問いと向き合うということでもあります。人生をやり遂げたか？　自らの人生に悔いはないか？　やり残したことはないか？　残していく家族のことが心配ではないか？　……

家族や親族の立場で見てみると、パートナーや子や孫など、家族の一人ひとりの心に大きな喪失感が生まれますし、故人の生き方は少なからず子や孫たちに影響を与えていきます。人の死が身近なまわりの人たちへ影響を与え、またその影響を受けた人もいずれ死んでいく……と考えると、人は連続無窮《むぐう》にそれを繰り返しているのです。

「生きる作法・死ぬ作法」という言葉のとおり、生き方にも想いや信念やこだわりがありますが、死に方にも想い・こだわり・哲学などがあって当然です。「どう死ぬか?」は「どう生きたか?」の裏返しだ、とよく言われています。

人生のゴールのテープが見えてきた人の家族や親族は、本人の「このように死んでいきたい!!」という想いをできるだけ実現する環境を整えてあげてほしいと思います。それを子や孫が真剣に見ています。いずれ私にもあなたにも順番が来るのですから……。


死に対する考え方は千差万別です。自分では意識していなくても、だれもがそれなりの人生観・宗教観・死生観をもっているものですが、これも人によって様々です。とくに近頃は、死に対する意識がだんだん軽くなってきている印象があります。その理由としては、親子が別居し、遠隔地に住むようになっている影響が大きいと思います。

そこで、お坊さんとしてのお願いがあります。

死んでいく人は自らその身を挺《てい》して、死んだ自分を子や孫や曾《ひ》孫に見てもらってください。死んで火葬された自分の骨を子や孫や曾孫に見てもらってください。おじいちゃんやおばあちゃんが死んで、お父さんやお母さんが取り乱している姿、目を真っ赤にしている様子、涙している顔を、子や孫に見せておいてください。そういう配慮をお願いしたいものです。若い方々の人生観、宗教観、死生観を育むきっかけになると思うからです。

おじいちゃんおばあちゃんが亡くなって、都会から子供の家族が帰ってきたときは、すでにお納棺が済んでいることがよくあります。葬儀が終わると火葬・収骨に立ち会わずに帰ってしまう家族が増えてきました。孫や曾孫が来ない場合も見受けられるようになりました。

「上手に生きて・上手に死のう」をモットーに活動しているお坊さんとして、「一般社団法人わライフネット」という終活支援団体を立ち上げてから、10年ほどが経ちます。一口《ひとくち》に終活と言っても、医療・介護、相続、葬儀・埋葬、保険・年金、生前整理・遺品整理など、やることは多岐にわたります。医師、弁護士、税理士、司法書士、僧侶、ファイナンシャルプランナー、葬儀社、仏壇屋、石材店など、ご門徒さんの中のプロの方や私の知り合いの方にメンバーになっていただいて、終活関連の知識の普及啓発を目的として活動しています。みなさんが「上手に生きて・上手に死のう」を実現するためのお手伝いです。

医学の発達により、人がなかなか死ねない時代になりました。これは人類の未体験ゾーンと言っても過言ではありません。昭和の第二次世界大戦後までは、食べられなくなったら、それは死でした。今は、食べられなくなったら人工栄養で、息ができなくなったら酸素吸入で……と、ますます死ねない状況になっています。自分はどう死ぬか？　をつねづね考えておきましょう。

自分が入退院を繰り返し、やがて終末期に介護状態になり、死後、葬儀・納骨・法要などの儀式が必要になり……と、こういうふうにして家族に手間や迷惑をかけたくないと思っている人は多いのです。しかし、家族や親族の方々はそれを迷惑や手間とは思っていません。病院や施設の設備・環境も大きく改善していますので、家族や親族の大きな負担になることは少なくなりつつあります。介護してもらうことに関しても、「申し訳ないけれどもよろしくお願いしますね」くらいの気持ちのほうがお互いに窮屈にならなくていいでしょう。

しかし、相続は厄介です。その理由に、近ごろ権利意識が強くなってきていること、教育や介護に多額のお金が必要になってきたこと、親と同居しなくなったことなどがあげられます。相続人どうしが対立してしまうと、家族関係、兄弟関係も大きく損なわれますので、そうならない配慮が必要です。相続人どうしで事前の話し合いをすることや、遺言書を書いておくことも有効な手段です。

また今日、葬儀や埋葬、供養などの典礼などに対する考え方が多様化してきました。選択肢が複数ある場合、パートナーでも親子でも意見が分かれる状況が見受けられます。世代による考え方の違いや、立場による違いが原因です。本人の気持ちを大切にしながら、話し合っておくことが肝要です。

終活の目的は「上手に生きて・上手に死のう」です。終活は、少しテクニックを必要とするところもあります。多分に知識や要領などにも影響されます。受験対策や就職活動対策にも似ているかもしれません。「上手に生きて・上手に死のう」が実践できたら、本人は心おきなく極楽のお浄土へ行けるでしょうし、残された遺族は心から弔《とむら》いの気持ちをもって哀悼することができます。

たとえば、葬儀が終わったとたんに相続の争いが表面化したとしたら、哀悼の意どころではなくなってしまいます。死にゆく人とゆっくりとじっくりとお別れして、心から弔いの気持ちや感謝の気持ちを表し、故人の人生を振り返り、偉大であった故人を誇りに思う気持ちを大切にする、そのための雑音を消す作業が終活かもしれません。

この本では、女優の中村メイコさんと私、宗教学者の山折哲雄先生と私との会話を活字にして掲載しています。

宗教学者の山折哲雄先生には、14年間、毎年秋に私どものお寺・称讃寺《しょうさんじ》に来ていただいて、本堂でお話をしてもらい、その翌日には同じ香川県の総本山善通寺で私とゲストとともにトークセッションをしました。宗教の話から、民俗学の話から、美空ひばりや山口百恵の話ととても引き出しの多い先生で、何回先生のお話をお聴きしても飽きることはありませんでした。

中村メイコさんはそのゲストとして2回来ていただきまして、お話をお聴きしました。そのご縁で、私の地元の旬の野菜や果物などをお贈りしました。本人からお礼の電話をいただいて、話し込んでいるうちに、大邸宅からマンションに引っ越ししたことや老々で仲睦《なかむつ》まじく生活していることなどを知りました。そうして「私が東京に行きますから、そのお話をゆっくり聞かせてくださいね」ということになり、対談をすることになりました。

山折哲雄先生とは、最近はたまに電話のやり取りをしているくらいでしたが、2022年の夏前に日経新聞の裏表紙に「死にかけていた!!」との記事が掲載されていたのを見て、すぐお電話しました。肺の写真が真っ白だったことや延命治療はいらないことや断食死を望むことなどを長々と電話でお聴きしました。そして「私が京都に行きます。直接お話をお聴きします」という話になって、対談というよりは、山折先生のお話を直接お聴きする機会ができました。その日はちょうど祇園祭《ぎおんまつり》でした。お話をお聴きするために京都に行ったのですが、逆に、私も含めて「お坊さんたち、もっとしっかりしろ」との叱咤激励《しったげきれい》をいただいて帰ってきました。

中村メイコさんが80代後半、山折先生が90代前半です。内容はそれぞれですが、お二人ともご自分の立ち位置がしっかりとされていて、頑張ってひたむきに生活をなさっています。中村メイコさんは子や孫に対しての望みもあり、山折哲雄先生は社会に対し物申す姿勢が衰えず、終末期の医療に対しては確たる信念をお持ちで、お坊さんも、人の生老病死《しょうろうびょうし》に積極的にかかわっていくべきだとの持論を展開されていました。

本書は、お二人との対談をメインにして構成していますが、タイトルにある「終活」の切り口とともに、これからの人生を豊かに生きるための「人生論」としても充分参考になることと思います。

また、称讃寺の住職として、私がお葬式を担当した家の事例をいくつか掲載しました。「生老病死」についての世代間の考え方の違いや、医療・介護、相続などについての一般的な例として参考になさってください。

２０２２年10月
瑞田信弘

第1章

愚痴らない　後悔しない　ねだらない

〜対談・中村メイコさん　vs　瑞田信弘住職〜

65年寄り添って……夫婦円満の秘訣

瑞田信弘《たまだのぶひろ》　メイコさんに称讃寺《しょうさんじ》へ来ていただいたのは平成24年10月5日と平成30年4月10日。それから平成24年には称讃寺でお話をしていただいたあと、善通寺《ぜんつうじ》でもお話ししてくださったのですね。

中村メイコ　すごいお客様でしたね。

瑞田　そう、ものすごいお客さんでした。そのときに宗教学者の山折哲雄先生、善通寺の

前管長の樫原禅澄さんともお話しされました。

今日は終活に関しての対談をお願いします。メイコさんは終活の本を多く書かれていますね。私はエンディングノートを作ったりして、終活についてはいろいろ活動してます。私はお坊さんですから、終活が専門といえば専門ですが……。

メイコさんの本はどれを読んでも興味深いですね。

お葬式のお話では、たとえば片付けはトラック７台分の断捨離をしたと。また、最近は亡くなるときに、自宅で逝きたいという方がたくさんいらっしゃるのですが、しかし、メイコさんの本には、病院がいいよと書いている部分もあります。

中村　そうなんですよね。それは病院がいいですよ。病院というひとつのステージがあって、そのセットで、最期を迎えるという感じかな。

瑞田　この本は、医療や介護などの、さまざまな終活にまつわる話をメイコさんと山折哲雄先生とお話して、その後に住職として私が、解説をする形になっています。

たとえば、最近は「人生会議」という言葉をよく聞きますが、これはACPというのですけれど、できるだけご本人とか家族の意向を聞きましょうということです。つまり、メイコさんがこういうふうに言うけれども、ここのところはこういう制度や補助があるのですよとか、こういう決まりになっているのですよと解説をする形にしたいと思っています。

中村　大事なことですものね。

瑞田　私はお坊さんで、これまでは一年間に約50件のお葬式をしています。この頃、少し増えていますが。

そのなかで「上手に死んだな」という人と、「あまり上手じゃなかったな」という人とがいらっしゃいますね。上手に死んだな、という人は人生の最終期に対する自分の考え方をもって、それなりの準備をしているようです。しかし、考え方がはっきりせず準備もなく、行き当たりばったりの方は、あまりうまく死ねなかった場合も見受けられます。

この本のテーマの「終活」というと、死ぬ準備というイメージがあるのですが、そうじゃなくて残りの人生をいかに生きて最期の準備をしていくかと考えると、それはみんなに必要なのではないかなと思うのです。

中村　私はいまもう80半ばを過ぎましたけれども。この年齢になると、初めて「あれ、こんなにすっきりしたのだ、私のまわりは。前はムダが多かった」と感じますね。だから人間ってムダのなかで長年生きてきたのでしょうね。

瑞田　インターネット上でウィキペディアというのがあるのですよ。それは一種の百科事典みたいなもので、「中村メイコ」と検索するとバーッといっぱい出てくるのです。徳川夢声《とくがわむせい》さんから始まって、森繁久彌《もりしげひさや》さんからエノケンさんから、なにからなにまで、こういうことをやったとかああいうことをやったとかがいっぱい出てきます。それで思い出しましたよ。「トッポ・ジージョ」の声をやったことがあるということに。私はびっくりしましたね。だからありとあらゆることを、いままでやられてきたわけですよ。

中村　人間以外もね。

瑞田　そうですね。ムダだったかどうかわかりませんが。

ところでご家族は、ご主人さんと三人の子供さんですよね。長女のカンナさんは2020年に女性初の相撲協会の監事になったとか。この前、ニュースに出ていましたよ。これはすごいな。

中村　昔からお相撲が好きだったのですよ。どっちかというと女の子っぽくないものがみんな好きみたい。

実は、私はお相撲さんにプロポーズされたことがあるのです。娘の頃に。

瑞田　それはウィキペディアに載ってなかった。吉行淳之介《よしゆきじゅんのすけ》さんと恋に落ちたとか片思いだったとかというのは載っていましたが。吉行淳之介は『驟雨《しゅうう》』を書いて、芥川賞を受けています。私も一生懸命に読みましたけれども。

中村　淳之介さんのお父さんも吉行エイスケという小説家で、そのエイスケさんと私の父の中村正常とが仲良しだったみたいですね。

瑞田　だから淳之介さんと出会って恋をしたのですね、片思いの。ウィキペディアに載るくらいだから有名な話なのですね。

中村　そうですね。

瑞田　いいじゃないですか、若い頃に温かい話がいっぱいあって。

中村　私がちょうど10代になって、15歳を過ぎた頃、「アルバイト」という言葉が、素敵なことみたいにすごく流行って。

私が父に「パパ、私もアルバイトがしたい。女優さんで暇なときに何かほかのことがしたい」と言ったら、父は作家でしたから、自分の知り合いの雑誌社くらいしか思いつかなかったのでしょうね。そこへ「週3日間だけ、仕事のないときにメイコが手伝いに行ってもいいかな」と社長さんに聞いて。それで私は嬉々《きき》として編集部へ行ったのですよ。そしたらなんにもできない私ですから、「メイコちゃん、これちょっと計算して合計を出して」と言われても「私、数学ができないです。わからないです」とか言っているものですから、「まあいいじゃないですか。机の上の一輪挿《いちりんざ》しのガーベラくらいに思って使ってみたらどうですか」と言ってくれたのが、当時、編集長だった吉行淳之介さんなのです。

瑞田 そのときにすでに編集長だったのですか？

中村 そうです。まあ、なんて素敵な人だろうと思って。

瑞田 それはドキドキしますね。お相撲さんに声をかけられたというのはその前ですか？　あとですか？

中村　お相撲さんはたぶんそのあとですね。

瑞田　若い頃にはいっぱい恋をしますよね。それでなんて返事をされたのですか？

中村　「すみません、私は太っている人は嫌いなのです」と。

瑞田　だけど、カンナさんはそうじゃなくて、お相撲に興味があるみたいですね。

中村　あの人はだいたい男の子みたいな子ですから。

瑞田　ところで、お孫さんは三人？

中村　そうです。三人です。

瑞田　はづきさんと杉本さんとの子供さんが二人、善之介さんのところが一人。これが神津《こうづ》ファミリーというか、幸せな神津ファミリーですね。いまはご主人とメイコさんとお二人だけでお住まいになっているのですか？　カンナさんは別ですか？

中村　別です。近くですけれども別のマンションにいます。

瑞田　３００坪の豪邸から引っ越されて、マンションになったのですね。

中村　いまはマッチ箱みたいに小さなマンションです。

瑞田　マッチ箱もそれはそれでいいですよね。旦那（神津善行）さんはもう90歳ですか？

中村　91ですね。私が88です。

瑞田　もう自分の年がなかなかわからなくなってきますね。だけど、いまでもそれぞれお仕事があって、声がかかっていろいろなことをやられているというのは、それは素晴らしいご夫婦ですよね。

中村　それがものづくりの楽しさでしょうね。会社勤めだったら、どんなに偉くなってもある程度の年齢になったら辞めるのでしょうけれども。

瑞田　2010年に『人生の終《しま》いじたく　だって気になるじゃない、死んだ後のこと』。2012年に『夫の終い方、妻の終い方』、2013年に『大切なこと、ちょっと言わせてね』。2014年に『おいしいお酒を、死ぬ日まで』。

2017年には『人生の終いじたく　まさかの延長戦!?』というタイトルの本が出ていますが、ここまで生きるとは思わなかった、延長戦になってしまった、ということですね。

2018年に古館伊知郎《ふるたちいちろう》さんと『もう言っとかないと』という対談をなさっているのです

ね。2019年に『87歳と85歳の夫婦　甘やかさない、ボケさせない』。

中村　いまでも厳しい夫婦ですよ。

瑞田　えっ！　そうなんですか。それから2009年に『大事なものから捨てなさい　メイコ流　笑って死ぬための33のヒント』。いっぱい終活の本を書かれているから、そのことを聞いてみようかなと思うのですけども。

女優さんとか歌手とかやってこられて、ご主人はご主人で音楽の仕事を一生懸命やってこられて。ご主人と一緒にいて、よかったなとか思われますか？

中村　そうですね。専門職をお互いが持っているということはすごくいいことだと思います。これが同じ仕事だったら、たとえば私は役者でしょう。それで彼も役者だったら、すごく難しかったと思いますね。ぜんぜん違う世界で、でもある意味では大きなつながりがあるというか。

瑞田　お互いに仕事には干渉しないのですか？

中村　まったくしません。

瑞田　「あなたはこうやったほうがいいよ」というような、「この前の映画のあなたのあの姿はなに？　もっとこうやったほうがいいよ」とご主人に言われるとか？

中村　ないです。

瑞田　お互いにまったく干渉しない？

中村　まったく干渉しません。

瑞田　たとえばメイコさんがテレビに出られたときに、ご主人がそれを見られるということはないのですか？

中村　あまりないと思いますよ。

瑞田　興味がない？　恥ずかしいから見ない？

中村　というか、危なっかしい、と思われているのですよ、私は何事にも。台所にいてもすぐに「大丈夫か？　大丈夫だね」とか言われて、いまだにすごく信用がないのです。

瑞田　信用がない？　心配してくれているわけですかね？

中村　よく言えばね。

瑞田　そういうご夫婦の関係だからうまくいくのかもわからないですね。同じことをやっているとお互いに批評し合ったり、評価をし合ったりということになって、結果的になかなか意見が合わなくなってというようなことがあるのかもしれない。遠くではつながっているけれども、どちらかというとちょっと離れていることで……。

中村　私の小さな教訓のなかの一つに、美空ひばりさんの話があるのです。もう亡くなってしまいましたけれども、彼女はたった一人の親友だったんです。

　ひばりさんが「メイコ、私が旭（小林旭）と別れた本当の理由知っている？」と言うから、私はミーハーな感じで「知らない、知らない、教えて、どういうこと？」と言ったら、「あんただから言うけどもね」「なあに」「結婚した年、生放送の紅白歌合戦が終わって、『ただいま』って帰ったら、小林旭さんが『お前、音程が悪かったぞ』って言うの。あの歌の下手くそな小林旭が、この美空ひばりに向かって『音程が悪かった』って言った」って。「私は許せんと思ったの」ですって。そして「それが離婚のほとんどの原因よ」と。

「なんであんな甲高い声を出して下手くそな歌をうたって、と思って、もういっぺんに嫌いになった」って言うのです。

ひばりさんと私は、だいたい同じくらいの身長で小柄ですが、どんなに小柄でも、プライドはすごいの。私はそういうのはありませんけれども……。

瑞田　ひばりさんは歌をうたうことに関してはものすごくプライドもあるでしょうし、負けたくないと思うでしょうし、あそこ音程が狂っていたねと言われたら……。

中村　それは頭にきたのでしょうね。そのあと、これは旭さんには悪いのですが、「それも、歌の上手いやつが言うのならいいけど、♪あの子をペットにしたくって〜と歌っているやつが言うのだよ。許せん」と言って。

だから自分のなかに土足で入って来られるとすごくイヤなんじゃないですかね。

私の初日は必ず夫が見に来るのですが、一切、何も言わない。「どうだった?」とこっちから聞いても、「うーん、まあ自分で決めなさい」と。

瑞田　それがうまくいく秘訣なのかもわかりませんね。

中村　まあね。ここから先は踏みこまないというものがないと。

瑞田　それぞれ専門ですものね。多少はご主人に褒めてほしいとは思われなかったのですか？

中村　褒めてほしい？　そうは思わないですね。

私が一番大変だと思うのは、お商売をやっていて、たとえば旦那さまがおせんべいを焼いていて、お客さんが来ると奥さんがそれを袋に入れて「はい、ありがとうございます」と。そういうのってすごく大変だと思います。

瑞田　夫婦で二人三脚のようなかたちで八百屋さんをやられたりとか、小さいお商売をされたりとか、会社でもご主人が社長さんで奥さんが経理部長さんとかってよくありますよね。

中村　ねー、イヤですよね。

瑞田　イヤなの？

中村　イヤだと思う……（笑）

瑞田　それはある意味ではもっと大変かもわからないですよね。「あなたのやり方が悪いんじゃないの？」という話になりますよね。褒めてほしいとも思わないけれども、自分は自分、彼は彼、というような人生で。メイコさんは結婚何年目ですかね。ご主人が91歳ですから。

中村　え〜っと……計算できなくなったね……65年かな。

瑞田　ところで、養老孟司《ようろうたけし》先生にも称讃寺でお話をしていただくのですが、「年をとるのも悪くないな」と最近は言われます。養老先生は去年心臓の手術をしましたが、ご自分の教え子の中川医師に心臓手術の執刀をしていただいたそうです。

また、養老先生の家はそれこそ鎌倉の３００坪の豪邸ですが、「まる」というたぬきのような猫がいたのですよ。「まる」が亡くなってから本を出されました。その本は、猫が亡くなることと自分が人生を終えていくことを重ね合わせた本なのです。「年をとることも悪くない」という言葉は養老先生の実感でしょうが、メイコさんはどうですか？

中村　とっても若い時に、私は仕事を持ってしまったわけですね。なにせ、おむつをしていたのですから。「おむつからおむつまで」ってよく言われるんです。

２歳何カ月から芸能界にいますでしょう。そうすると人間ってこんなにさまざまで、こんなに個性によって別物になっていくのかということをいっぱい見てきたわけです。だからこんなにおもしろい世界はないというのが人間社会ですね。

瑞田　それは、いろいろな人の人生を見てきたというわけですね。

中村　だから、山田五十鈴《やまだいすず》さんという私の最も尊敬する大女優さんなんかは、平気な顔をして「メイコ、私、昨日、元の旦那の家に間違えて帰っちゃった。そうしたら元の旦那さんが『おい、家、間違えただろう、もう違うだろ、送って行ってやるよ、今の旦那の家まで』って言われて送ってもらったの」って。そういうのっていいな、って思いますよね。

瑞田　では年をとるもの悪くないというか、人間後戻りはできない、前に向いてしか行けないですけれども、それを否定的に考えないのですね。これまでもいろいろな人生模様を見てきたし、これからも見られるという……。

中村　年をとることの一番素敵なことですね。いろいろなものを見たり聞いたりしてきたということが。

瑞田　本の装丁にありましたけど、いまもこうやって91歳のご主人といっしょに縁側に座ってお茶を飲みながら、寄り添ってやってこられるというのは、すごくよかったですよね。

中村　そうですね。あまり寄り添わなかったから。

瑞田　お互いに寄り添わなかったから、うまくいった？

中村　結婚したときから同じ距離が、二人の間にあるのね。

瑞田　レールみたいに、こうお互いの間に距離があって交わっていかなかったからよかったと。干渉はしない。

中村　自分たちの世界をちゃんと持っていて。

瑞田　なるほど。お互いにそのへんはよくわかっているわけですね。まあいろいろな人生がありますけれども、吉行淳之介さんもよかったかもわからないけれども、同じ縁側に座って日向ぼっこをして、ニコッと笑って写真が撮れる、というのはご主人でよかったわけですね。いい人生でしたか？

中村　どうなのでしょうね。私も本当にスットコドッコイだし、何もわからない奥さんをもらってしまったわけだから、神津さんもすごく大変だったと思います。

瑞田　神津さんの立場から言えば、ですか？

中村　私が一番これは困ったと思ったのは、結婚して新婚旅行から帰った次の日でしたかね。今日からちゃんとしなくちゃと思って「お味噌汁を朝、作りますね」「もちろんだ」と。「実は何がよろしいですか?」と聞いたら「わかめか何かでいいよ」と。さーそれで私は、わかめってどこに売っているのだろう? と。買い物なんかに行ったことがないので。その頃、スーパーってなかったのですよ、まだ。わかめは海のものだから魚屋さんかなと思って、近所の魚屋さんまで歩いて行って「わかめは売っていますか?」「うちは魚屋だよ。わかめはねえよ」「どこに行ったらありますか?」「乾物屋だ」と。

新婚のときに住んでいたのが麹町のお屋敷町なのですよね。乾物屋さんってどこなんだろうと思っていたら、やっと一軒見つけて。ああよかったと思って、「わかめください」と言ったら、「あいよ」と言ってくださったら、こんな幅の広いブリジストンタイヤみたいなわかめしかないのですよ。そこは問屋さんだったから……。

それを買って来て「ああ、わかめがあってよかった」と思って。これをお味噌汁にするにはどうやるのだろうな、と思って。とりあえず大きなお鍋に入れてガスに火を点けたら、本当にブリジストンタイヤみたいに膨らんで、フタを押し上げて出てきたわけです。びっくりしてしまって、私、どうしていいかわからなくて「わかめ、っておっしゃったから買って来たら、こんなになってしまったのですが、どうしたらいいのでしょうか?」と聞いたら、

「味噌はあるな？」と言うから「ありますよ」と。「味噌をお湯で溶いて、その中にこれをポチャと浸けなさい」と言うのですよね。それでその通りにして。ナイフとフォークで切って食べましたよ。そんな新婚生活でした。

瑞田　めちゃくちゃ熱い⁉　新婚生活ですね。

中村　もう、めちゃくちゃ。よくここまできたと思いますよ。

瑞田　神津さんの立場から言えば。ご主人がよくよく付き合えたなと……。

中村　「サザエさんの4コマ漫画を見ているようでおもしろかった」って言っています。彼は我慢しましたね。

瑞田　それはすごいな。

中村　いまはそんなことをしませんけれど、旦那さんがお出かけといったらコートを着せかけるというのを役ではやるものですから、やらなきゃと思って。

瑞田　旦那さんが帰って来たら、靴を一生懸命に磨いて、朝、行く時に奥さんが「はい、どうぞ」と出して、ピカピカの靴で旦那さんが行くじゃないですか。

中村　そうそうそう。でも、それはやらなかったですね。

瑞田　玄関で「行って来ますよ」と言ったときに、後ろから「はい、どうぞ」と、コートを着せてあげたり。

中村　それは役でやるから、コートを着せてあげて「行ってらっしゃい」と。それで帰って来たときに「今日のお仕事はどうでしたか？」と聞いたら、「あ、あなたのお陰で肩を

いからせてやっていた」と。「はい？」と。コートにハンガーが入っていた、って言うんです。そんなことばっかりでした（笑）

瑞田 それは漫才みたいなご夫婦で、お互いさまでよかったじゃないですか。

中村 そうですかね。いまだに変だものね。65年経っても、まだ知らないことがいっぱいあるし。

瑞田 それはそうですね。ずっとこれからもご自宅で、お二人で3LDKのマンションで、一日二食で、朝食べて、夜食べて。大好きなお酒をやられていますから、ご主人と朝一杯やって、夕方になって一杯やって、という日常生活ですか？

中村 そうですね。それが一番。

余命宣告はしてほしい？

中村　私が女優としてすごく助かっているのは、虫歯が一本もないのですよ。それは小さいときから本当に甘いものが嫌いだったから。憎らしい子供だったのです。

瑞田　甘いものが嫌い？　女の人にしては珍しいですね。

中村　「メイコちゃん、あめ」とか言われても、「結構です、おせんべいがいいです」と言う子供でした。

瑞田　キャンディを食べない？

中村　だからいまだに歯医者さんにはあまり行ったことがないです。

瑞田　なるほど。それで朝、適当な時間にお二人がお目覚めになって、朝ご飯を食べて、それで夜はお二人で向き合って、お話ししながらご飯を食べて、じゃあおやすみしようか、という日常生活なのですか？　もちろん仕事があるときにはそれぞれ仕事で出て行くのでしょうけれども。

中村　はい。

瑞田　のんびりなさっていていいですね。それでたまにお嬢さんが近くからお見えになって、「こんなことがあったよ」とか、たまにお孫さんが「おばあちゃん！」と言って来ることがあって、というような日常生活なのですか？

中村　たまには違う人が座っていてほしいですね。

瑞田　旦那さんではない人が？

中村　お互いに。

瑞田　旦那さんもそう思っているかもわからないということですか。それはそうかもしれないですね。でも、たまにでしょうけれども。しょっちゅうだったら困るから。たまに。
２０１９年に股関節を骨折なさった、ということが本にありました。大ケガして入院なさったとき、赤ちゃんを出産したとき以来、初めて入院されたとか。

中村　そうです。肺炎に近い風邪をひいて、入院しなきゃ、みたいなことはあったのですが、休めないのですよね、私の立場では。だから無理して無理して。入院したことはほとんどなかったです。

瑞田　お産をするときに入院して以来、股関節骨折での入院。何をしていて骨折したのですか？　ひっくり返ってこけたのですか？

中村　あれ、なんだっけ？　転んだのかな、足の力が抜けたみたいになってぐにゃってなって。1カ月の入院になってしまいました。

瑞田　それは大変でしょう。ひと月ご主人と顔を合わさなかったら寂しくなって家に帰りたいとか？

中村　ぜんぜん。すごく静かでよかったです。時々、骨折しようかなって思いました。

瑞田　それはご主人が言うことでしょう。「メイコがいなくて静かでよかったよ、この1カ月は」と。

中村　向こうもそうですわね。だからいいことですよね。夫婦ってときどき別居するのも。

瑞田　ご主人はメイコさんが1カ月いなかったら、カンナさんがご飯を「お父さんご飯できたよ」とか、「カレー作ったよ」とかって持て来てくれたのですか。

中村　いまでもときどき。私が足を引きずるようになってからは、よく運んで来てくれます。

瑞田　神津先生は入院しない？　大きな病気はしない？

中村　えっと、なんの手術だっけ？　そう、大腸がんの手術で２週間くらい入院したかな。

瑞田　入院したのですか。心配だったでしょう？

中村　心配は心配でしたけれど、このへんで未亡人になれたら、ちょっといいなと思いました。

瑞田　先に死んでくれてもいいよと。だいたい女の人があとに残って男の人が先に逝きますけれども。

中村　あっちが年上ですもんね。結婚したときからね。

瑞田　年上です。普通は女の人が年下で男の人が2歳から3歳年上です。それで大腸がんと言われたら、ふと「これで私も未亡人かな」ということが頭をよぎったということですか？

中村　よぎりました。うーん、悲しいとか、いやあどうしようとかということをポンと通り越して、「あっ、私未亡人になれるかもしれない」と。

瑞田　それはなってみたいわけですか？　なれるかもしれない、っていうのは。

中村　いろいろな役をやりたいのです。

瑞田　あー、なるほど。いままでに未亡人の役を演じたこともあるけれども。

中村　いまいちだったなと思いたいなと。

瑞田　実際、本当の未亡人になってみたらどうなのかなと。でもそれはもう後戻りできないですからね。未亡人になってしまったけど、もう一回帰ってくるというのはできないから。

やらなくてよかったじゃないですか。ご主人さんは大腸がんの手術をして２週間で退院して、あとはもうずっとお家にいらっしゃるわけですか？

中村　そう、すごく元気になりました。

瑞田　もし大変な病気になったときには、何か調子が悪いなと思って病院へ行ったら、一般的にいうと命に関わるような大きな病気のときには、主治医の先生は本人に言ってくれなくて、「家族を呼んでください」と言うことが多いのですよ。

この頃の大きな病院のお医者さんは、40歳以下の人が多い。病人本人からすると子か孫くらいの人が主治医です。これはもう余命があまりないな、大きな病気だな、となると本人に言わなくて、子か孫に向いて病名を告げるということをするのです。

メイコさんは、万が一、神津さんかメイコさんが大変な病気になったときには、病名は告知してほしいですか？　それとも知らされなくていいですか？

中村　言ってほしいです。

瑞田　では、余命6カ月とか1年の場合でも言ってほしいですか？

中村　言ってほしいです。神津さんも言ってほしいと思いますよ。

瑞田　旦那さんも言ってほしい。では万が一、神津さんに病気があってメイコさんがそれを知ったとしたら、「あなたはあと1年くらいだと言われたよ」と本人に言ってあげますか？

中村　どうでしょうね、それは。本人に言うかな。

瑞田　たとえば、あと1年ですとか、あと2年ですよ、とかいうことを主治医の先生がカンナさんに言ったとして。カンナさんからメイコさんが聞いたとして、メイコさんが聞いたことを、ご主人に「主治医の先生はこんなことを言ってたよ。あなたは1年くらいで終わりだと言われたよ」ということを言いますか？

中村　言わないでしょうね、やっぱり。

瑞田　言わないね。自分は言ってほしいけれども、旦那さんはそのままそっとしておいてあげたいですよね。

中村　それが一番いいでしょうね。

瑞田　もし、1年ですよ、とか、6カ月ですよ、とか言われたら、どうしてもしておきたいことはありますか？

中村　うーんとねえ、いままでやったことのない役をしてみたい。

瑞田　それはやっぱり女優さんですね。

中村　ほかにできない。計算はできないし、字も上手ではないし、スポーツ関係はまったくダメだし。だからいままでやったことのない役を。

瑞田　なんの役がしたいの？

中村　冷たい女とか。

瑞田　冷たい女？　できないでしょう、冷たい女は。それは自分にウソをついている。役者というのはなんにでもなれるのが役者ですか？

中村　ウソつきが上手いのが役者です。

瑞田　見ている人がワーッと引き込まれるということは、それだけ本人の性格を出していないということですか。

中村　街を歩いてすぐに気がつかれて、「中村メイコよ。明るいのね、あの人」とまず言われるのです。そうすると、私はシュンと暗い顔をしていられないのです。

瑞田　なるほど、世間がそういうふうに見るわけですか。

中村　裏切ってはいけないと思って。いつも明るいメイコさんなのです。

瑞田　ではもし「最期ですよ」と言われたら、女優さんとして最後までやっぱりプロでいたいから、今まで自分が経験したことないような役柄の女優さんをやってみたいと。

なんかわかるような気がするな。たとえばバイオリンを弾いている人でも、もしも最期だと言われたら、この曲を弾いてみたいとか、あれを完璧にやってみたいとか、あると言いますから。わかるような気がしますね。

中村　私の一番尊敬する女優さんの杉村春子先生が、自分の大好きな主治医の先生が外国に行かないといけないことがあって、「杉村さん、元気で待っていてくださいね。僕、すぐに帰って来ますから」とおっしゃったときに、それまで寝たきりでぜんぜん起き上がることもおっくうだった杉村先生がパッと半身起き上がって、サッと先生の腕を取って「早く帰って来てね」って。

先生はすごい女優さんだと感じたのですって、そのとき。だから私もそれに憧れるし、山田五十鈴さんの「おい、お前、うち間違えただろう？　今日からは僕のところじゃないだろう？　違う男のところだろう？」と言われたとか。そんな素敵な先輩がたくさんいらっしゃるので、私もそんなふうに、女優をやりたかったなと思います。

瑞田　先ほどの病気の話ですけれども、ご主人でもメイコさんでも、もし何か重要な病気になったとして、延命はしてほしいですか？

たとえば、ご飯が食べられなくなったら、胃ろうといって、おへその上のところから胃に直接穴を開けて、離乳食のようなものを直接入れたり。それもできなくなったら、点滴で高カロリー輸液といって栄養がいっぱい入ったものを静脈の血液の中に流し込む。45キロの体重の人が35キロになるくらい、10キログラムくらいまで痩せますが、それでも10年くらいは生きられると言われている一種の延命処置があるのです。お医者さんに「私は死ぬのがいやだから、延命処置をしてください」とお願いしますか？

中村　しません。

瑞田　旦那さんは？

中村　しないと思いますね。

瑞田　旦那さんがもしそういう病気になったら、「先生、頼むからあと3年か5年くらい延命できませんか？」というふうには？

中村　言わない。

瑞田　「もう逝くのなら逝ってもいいよ。勝手にどうぞ」というくらいの関わりなのですか？

中村　「勝手にどうぞ」はちょっとひどいかもしれませんけれども、管をいっぱい入れて、機械がこう横にあるような。そこまでして一生懸命に生かそうとは思いませんね。

瑞田　それはもう、たとえば自分なら自分、ご主人ならご主人が、今まで90年間こうやって生きてきて、何か大きな病気が見つかっても、それはそれで受け止めて、いままでこうやって生きてこられたのだから、もうこれ以上無理して延命処置したりとか、胃ろうをしたりとか点滴をしたりとかして、もう少しもう少し長く生きたほうがいいかなというふうには思わないですか？

中村　思わないです。

瑞田　どちらが先にどうなるかもわからないけれども、それはお互いに延命はやめておこうというような話はしますか？　しませんか？

中村　しますね。この頃、するようになりました。

瑞田　お互いに延命はやめとこうね、と。それはそれでいいと思います。「尊厳死《そんげんし》」という言葉を知っていますか？

中村　知っていますけれども、字も難しすぎるし、「尊厳」ということ自体があまり好きではない。

瑞田　言葉としては、ですね。延命処置をしないけれど、いま病気になっているから、苦しいとか、しんどいとか、痛い、とかというのがあったら、病気を治すのではなくて、苦しいとかしんどいとか痛いとかという症状を取っていただいて、あとの命の部分は自然に任せて、あまり長引かせないようにしようというのが尊厳死の考え方なのです。それはそれでいいと思いますか？

中村　それでいいと思います。

瑞田　お二人で住んでいて、ご飯をつくったり、いろいろなことがだんだんとできにくくなったら、もうしようがない、最後は施設に入ろうかなということは思いませんか？

中村　そのときになってみないとわからないけれども、できたら自分の家で過ごしたいです。でも私は死ぬときは病院がいい、ともう10年くらい前から自分の本には書いています。やっぱり役者ですから、セットを選ぶというのかな。

瑞田　シチュエーションですよね。家は人間が死ぬような設《しつら》えにつくられていない。よくあるじゃないですか、病院にベッドがあって「お母さんはご臨終です。会いたい人に会わせてください」と先生が言ったら、子供や孫がみんな集まってきて「お母さん」と言われながら息を引き取るような、ああいうシーンを思っておられるのですか？

中村　そうですね、そのほうが似合うでしょう。

瑞田　女優らしい。

中村　普通の生活を営んでいたお茶の間に、酸素吸入みたいなのが入ったり、いろいろな医療器具が入ってきて、白い服を着た看護師さんがしょっちゅういて、というのはあんまり好きじゃない。

瑞田　施設にはあまり入りたくはないけれども、お家でできるだけお二人で生活をなさっていても、どうしても命に関わるような病気になったときには、救急車でもいいから病院に行って、病院のベッドでみんなが集まってきて、「おばあちゃん、息を引きとったね。おばあちゃんはいい人生だったね」というようような。これはやっぱりテレビや映画のワンシーンですよね。

中村　そうですね。やっぱり、ご臨終は病院が似合いますよ。

瑞田　それは旦那さんにもそうしてあげたいのでしょうか？
旦那さんとこんな話はしないのですか？

中村　あなたが死ぬときはどうしたらいいか、という話はまだしませんね。

瑞田　今日、終わって帰ったら聞いてみたらどうでしょう。「こんなことを聞かれたけれども、あなたはどこで死にたいの？　私は病院で死にたいけれども」と。

中村　やかましいから、「あなたがいないところ」と言われたらどうしよう。

瑞田　ひばりさんも病院で亡くなっている。杉村さんも病院で亡くなっている。その当時は、病院で亡くなるのが常識だったかもわからないですね。
最近は、病院は、たとえば8時で消灯になったりとか、テレビを見たくても「電気を消しますよ」となって見られなくなったりとか、お酒が好きでも一杯も飲めない。どうせ限られた命なのだから、家で自由に過ごしたいと。

中村　それは困ったもんだ。

瑞田　個室に入ればひょっとしたら、こそっと飲めるかもしれませんけれども、一般的には病院で、朝に一杯やって、夜に一杯やって、ということはできない。そういう意味もあって、どうせたとえば6カ月の命というのであれば、お家に帰ってテレビを見ながら一杯やって、おいしいものを食べて、ほしいものをほしいだけ食べて、起きたいときに起きて、というような生活もいいなと。だから最期は自宅で息を引きとるのもいいかなという人が増えてきていますけれども、やっぱり病院がいいですか？

中村　なんかね、やっぱり死にそうな病人っていろいろな機具が必要じゃないですか。酸素吸入みたいな。そういうのを普通のお家の中のお座敷に持ち込んでいるのが似合わない。

瑞田　セットとしてね。それはテレビセットとしてですね。

和尚の終活アドバイス

介護保険制度について

介護が必要な人を社会全体で支えるために、２０００年4月から施行された制度です。40歳以上の国民から徴収した保険料（50％）と、国（25％）・都道府県（12・5％）・市町村（12・5％）の税金で運営されています。介護保険サービスを利用する場合は、所得に応じて1〜3割の費用を負担します。

被保険者になるのは、65歳以上の第1号被保険者と40〜64歳の第2号被保険者です。

第1号被保険者は要介護・要支援認定を受けることで介護保険サービスを利用することができます。

第2号被保険者は末期がんや関節リウマチなど、16の特定疾病によって、要介護・要支援認定を受ける必要があります。

このように、介護保険サービスを利用するには、要介護認定を受けることが必要です。要介護認定とは、介護を必要とする度合いを判定するもので、要支援1〜2、要介護1〜5の7段階あります。要介護認定の申請は市区町村がおこないます。

家事・子育て・老後まで楽しい家づくり　豊かに暮らす「間取りと収納」　宇津崎せつ子

みなさんが家を建てる、リフォームをする目的は何でしょうか？

「何のために」「誰のために」そして「どうしたいから」家が必要なのでしょうか？　１０組の家族がいれば１０組それぞれ違いますし、ご家族一人ひとりでも家づくりへの思いや考えは違うかもしれません。

でも、それぞれの思いや考えが、家づくりの核になるということは共通。だからこそ、家づくりをはじめる前に、最初に考えることが大切なのです。

それなのにマイホームの完成がゴールになってしまっている方が多くいらっしゃるように思います。本来は、その先の“暮らし”がゴールなんです。設計士や工務店・ハウスメーカーどれであっても、家を建てるプロです。家づくりのプロはたくさんいます。その人たちに頼めばかっこいい家・おしゃれな家はできるでしょう。

でもあなた方ご家族に合った暮らしづくりのプロではないんです。ましてやあなた方の“豊かさ”や“幸せ”が何なのかを、解き明かして導いてくれるプロではありません。（本文より）

建設に携わる両親のもと、幼いころから住宅づくりの環境で育ち、現在一級建築士として働いている著者は、「住育の家」（住む人の幸せを育む家）というコンセプトを掲げる。間取りから家を考えるのではなく、自分や家族の「幸せの価値基準」から家をつくっていく。数々の実例とともに、収納のコツ、風水のポイントなども紹介。（税込1760円、224頁）

【ISBN 978-4-909569-12-7、アートヴィレッジ】

死にぎわに何を思う　日本と世界の死生観から　　上村くにこ

私が肺がんになったと知った友人たちは、必ずこう言います。

“医学がどんどん進んでいるから大丈夫”

私もがんになる前は、慰めるつもりで、がん患者に同じようなことを言ったかもしれません。

しかし真実は、がんの治癒は不可能ではないかもしれないが、いまだに完治は困難な病気で、医術で必ず克服できると信じるのは無理があること、もし運よく治癒できたとしても、他の理由で人は必ず死ぬということです。

とはいえ「でもヒトはいつかは死ぬものですから」などと返事をすると、相手は当惑して「そんなマイナス思考ではだめ」「頑張って」という返事がくるので、このようなひねくれた返事はしないことにしました。

とりあえず助かる道を探して、インターネットで調べたり、本を買いあさってみたものの、あまりにも多様で異なった情報の大渦巻のなかで、ますます不安と恐怖が募ります。

「治療法は患者の責任で決める」と言われても、どう生きたいか、どう死にたいか腹が決まっていなければ、ただオタオタするだけです。

その覚悟のつけ方を、私たちはたった５０年余りで忘れてしまったのです。（本文より）

甲南大学名誉教授・フランス文学者の著者が、古代神話や日本と西欧の歴史、戦後の癌闘病記など、死生観にまつわる数多くの資料を紹介しながら、自身の体験もおりまぜて、死にどう向き合うべきかについて考察する。先人たちは、死を前にして何を思い、残された人生をどう生きたのか。百人百様の死に方を知れば、これからの生き方が見えてくる。各国の安楽死制度についても解説。（税込1540円、244頁）

【ISBN 978-4-909569-31-8、アートヴィレッジ】

お近くの社会福祉協議会や、地域包括支援センターに申し出ると手続きをすることができます。主治医の意見書や認定調査員の面会調査などを勘案して、介護度合いが判定されます。非該当（自立）と認定された場合は介護保険サービスを利用することはできません。定期的に、あるいは必要に応じて介護認定調査がおこなわれ、介護の度合いが変わります。

・要支援1：日常生活は問題なくおこなえるものの、要介護状態を予防するために多少の支援が必要。

・要支援2：立ち上がったり歩いたりすることが難しく、要支援1よりも身体能力にやや問題が見られる。

・要介護1：食事や排泄など身の回りのことはこなせるが、要支援2よりも認知能力や運動能力が低い。部分的な介護が必要。

・要介護2：要介護1に比べ日常生活でできないことが増え、理解力も低下している。食事や排泄など身の回りの介護が必要。
・要介護3：歩行や立ち上がりなど日常生活における動作が困難で、食事や排泄など身の回りのことが介護なしではできない状態。
・要介護4：要介護3よりも動作能力が低下し、介護なしでは日常生活を送れない状態。
・要介護5：介護がなければ生活が不可能で、意思の疎通ができないほどに重度の状態。

介護認定されると、ケアマネージャー（介護支援専門員）が付きます。ケアマネージャーは利用者・家族と相談して、介護計画（ケアプラン）を作り、サービス事業所との調整をします。定期的な状況把握もします。

介護保険で受けられるサービス

①居宅サービス（自宅に住みながら受けられるサービス）

・訪問介護
・訪問入浴介護
・訪問看護
・訪問リハビリ
・通所介護
・通所リハビリ
・短期入所生活介護
・短期入所療養介護
・買い物、清掃支援

など

②施設サービス

・介護老人福祉施設（特別養護老人ホーム）
・介護療養型医療施設
・介護医療院

③地域密着型サービス
・認知症対応型共同生活介護（グループホーム）
・地域密着型特定施設入居者生活介護（有料老人ホームや軽費老人ホーム）
・小規模多機能型居宅介護
・定期巡回
・随時対応型訪問介護看護
など

福祉用具のレンタルや購入補助

福祉用具とは、介護や介助が必要な方の日常生活や機能訓練をサポートするための用具です。レンタルや購入の費用が介護保険制度の給付対象となるものがあります。おもに排泄や入浴の際に使用するものはレンタルできません。購入のみです。

①介護保険制度を利用してレンタルできる用具の例

・車いす
・歩行器
・歩行補助つえ
・手すり
・スロープ
・介護ベッド

など

②介護保険制度対象の特定福祉用品販売（購入のみ）

・ポータブルトイレ
・簡易浴槽
・入浴補助用具

など

介護保険制度を利用した介護リフォーム

介護リフォームとは、介護保険の補助金を活用して、要介護者が住み慣れた自宅で安心して暮らせるように、自宅を改修することです。

・手すりの取付け（玄関・廊下・トイレ・浴室など　必要なところに……）
・段差の解消（玄関・廊下・トイレ・浴室・部屋の段差解消、スロープの取付け　など）
・床材や通路材の変更（床材を滑りにくいものに変更、階段などへのノンスリップ材の取付け　など）
・戸の交換（開き戸などを引き戸・折れ戸・アコーディオンカーテンなどに取り換えるなど）

『人生会議』ＡＣＰ（アドバンス・ケア・プランニング）

『人生会議』とは、アドバンス・ケア・プランニング（ＡＣＰ）の愛称です。もしもの時のために、人生の最終段階における医療・介護（ケア）について前もって考え、家族や医療チーム、介護チームと繰り返し話し合い、その考えを共有する取組みのことです。

これからどういう生活がしたいか、どういう医療・介護を受けたいか。それを考えるうえで、あなたの希望や価値観・人生観・死生観はとても重要です。

終末期になると、日々状況が変化します。状況に応じて何度でも何度でも本人（家族）と医療チーム、介護チームが話し合うことが大切です。

・もし、生きることができる時間が限られているとしたら、あなたは何をしたいですか？
・もし、あなたが重体や危篤になったとしたら、どのような医療や介護を受けたいですか？
・あなたは、最期にどんな医療や介護を受けたいですか？
・あなたが信頼している人、いざという時にあなたの身代わりとして医療や介護チームと話し合ってくれる人はだれですか？　……などなど

歩けなくなったらどうしますか？

食べられなくなったらどうしますか？
自分で呼吸できなくなったらどうしますか？
認知症で家族の顔の判別もできなくなったらどうしますか？

いずれは訪れる最期、元気なうちから考えておくことも大切です。家族の中で話し合って意見・価値観・人生観などを共有しておきましょう。
介護認定を受ければ、担当のケアマネージャーが付きます。介護の度合いが軽いうちから、本人や家族の希望をケアマネージャーに伝えて、本人・家族・医療チーム・介護チームのあいだで行き違いがないようにしておくことが大切です。

次に私が実際に見聞きした事例を紹介しましょう。

事例① 後悔の残ったがん手術

Cさん夫婦はごくごく普通の夫婦でしたが、ご主人はヘビースモーカーでした。体調を崩して入院しても隠れてタバコを吸っているありさまでした。

会社を退職するころから、少し動いたり歩いたりすると息が切れて、息苦しくなる症状が出ていたようです。少し歩いてはしばらく休み、また歩くといった具合です。奥様に何度も言われて、ヤイヤイ重い腰を上げて総合病院へ行きました。

検査の結果、重度の肺気腫と、ステージ3の悪性の肺がんが見つかりました。担当の医師は、手術はせずに酸素の吸入と抗がん剤治療で様子をみるのも一案だ、といったようですが、70歳になったばかりの年齢でまだ若いのと、お嬢さんが手術を強く勧めたため、原発巣のがんを切除して、あとは抗がん剤と酸素の吸入で7～8年の生存を目指すという治療方針になったようです。

ところが、がんの摘出手術をしたあと、本人は歩けないどころかベッドから起き上がるのもやっとの状態になってしまいました。数カ月後には意識レベルが低下していきました。やがて意識がなくなり、点滴で栄養を補給して酸素の吸入をする状態になってしまいました。

両親とお嬢さんは一緒に住んでいますが、他の2人の子供は東京と金沢に住んでいます。手術から1年経つかどうかのころから血圧が下がり始めました。病院から危篤との連絡が入り、東京と金沢の子供の家族があわてて帰ってきました。が、幸いに何とか危機を脱出し、子供家族はそれぞれの住まいに帰りました。ところが、その後、同じように危篤状態になり子供たちが駆けつける、という事態が、半年の間に7回もあったそうです。

本人はずっと意識がない状態でしたので、奥様と子供さん3人と主治医が相談して、日を決めて酸素の吸入を止める決断をしました。奥様からお寺に電話があり、〇〇日の11時に主人の酸素の吸入を止めるから、お坊さんは待機していてほしい、と言われました。葬儀社を決めてないというので、決めてもらい、事情を伝え葬儀社にも部屋と寝台車をスタンバイしてもらっていました。ところが、待てど暮らせど連絡がありません。「もう亡くなりましたか？」との電話を、お坊さんの方から入れるのもきわめて不謹慎ですので、ずっと待っていました。翌日の昼頃「酸素の吸入を止めても亡くなっていないんです」との電話がありました。

亡くなったのは、それから3カ月ほどしてからです。満中陰の法要の時、奥様や子供さんたちと話をしました。お父さんと一緒に暮らしていたお嬢さんは、「お父さん、死なないで!!」という一心で担当医に手術を大声でお願いしたが、それは正しかったのだろうか？　ほかの方法を選択したらどうなっていたのだろうか？　本人の意思はどうだったのだろうか？　お母さんはどうしたかったのだろうか？　病気がわかった時点で、医師の助言をいただきながら、本人も交えて家族でよく話し合っておくべきだった、などなど疑問と反省の言葉がありました。

終末期では病気の状態や本人・家族の意思も変化していきます。病状に応じて、たびたび医師と本人・家族と介護スタッフが意見交換をして、医療・介護の方針を決めたり、修正したりすることが大切です。ＡＣＰ（人生会議）が推奨されています。

事例②　自宅で迎えた最期

Ｇさん夫婦は母屋でお年寄り２人で暮らしており、同じ敷地に息子さん夫婦が家を建てて暮らしています。Ｇさんは80歳を過ぎたころから足腰が悪くなりました。また、内科的にもあちこちが悪くなり、町のかかりつけ医院から総合病院へ移り、入院加療して快復して自宅療養、さらに入院加療後退院、といったことを繰り返していました。

数回目の退院の時、ケアマネージャーさんから「施設への入居を考えますか？」と聞かれたそうですが、息子さんのお嫁さん（50歳代）は「できれば自宅で過ごさせてあげたい」と言ったそうです。その後、何回か入退院を繰り返しましたが、自宅に介護用ベッドを置いたり、段差解消のリフォームをしたりして体制を整えたそうです。医師が週に2回往診して、訪問看護も週に2回、ヘルパーさんも来て入浴介助もしてくれたそうです。

「誤嚥《ごえん》性肺炎が起きるようになったころ、医師から胃ろうなどの人工栄養の提案があったけれども、相談の上お断りした」と息子さん夫婦は言っていました。

寝たきりに近くなると、タンの吸引やオムツの交換など家族も大変だったろうと思います。1年弱の寝たきり状態で亡くなりました。寝たきりではありましたが、本人の意識はしっかりしていたとのことで、みんなと話をしたり、テレビを見たりの生活だったようです。

お嫁さんに「疲れたでしょう!!」と私が声をかけたら、「お母さんも主人も私も、精いっぱい看取ってあげられたとの気持ちです。何より、お父さんが自宅で居られて嬉しかっただろうと思いますよ」とすがすがしい表情で答えていました。

お葬式も、ご自宅でアットホームな雰囲気でおこないました。お生花モリモリでした。近ごろは、医師の往診や訪問看護や介護等のいろいろなサービスを組み合わせれば、家族に大きな負担をかけることなく、自宅で過ごすこともできるようになったようです。

一方、病院や施設はさまざまな制約があります。終末期、自宅に居たいと希望する人が増えてきているような気がします。

終末期の患者さんはまな板の鯉のような状態で、医師の指示が唯一の選択肢だという時代もありましたが、現在は患者さん本人の意思と生活の質（QOL）を優先して考えるようになってきています。おもに、自宅で過ごす、病院に入院する、施設に入所する、の3つの選択肢がありますが、家族や本人がどれを希望しても医療チームや介護チームは対応できるようになりつつあります。

本人・家族のあいだで話し合って意見がまとまるようにしておくことも大切です。時代とともに医療や介護の状態・環境がどんどん変化していきます。ケアマネージャーさんを介して、頻繁に医師と本人・家族、介護スタッフの意思疎通をはかること（ACP）が重要です。

尊厳死について

回復の見込みがなく、死期が間近にせまった患者にとって、延命措置は必ずしも望ましいものとはかぎりません。このように考える人は少なからずいます。

そのような場合には、尊厳死を選択する余地があります。

尊厳死とは、人生の最終段階における終末期の医療において、本人の意思・希望を受け入れたうえで、過度な延命措置をせずに自然に死を迎えることを指します。自然死とか平穏死との言葉とほぼ同じ意味です。疾患を治すための積極的な治療はおこないませんが、人として尊厳を保ちつつ人生を全うできるように、痛みや苦痛を和らげるための充分な緩和ケアを施したうえで、自然に死を迎える状況をいいます。

死期が近いこと、本人の意思であること（意思疎通できない場合は文書などに表していること……尊厳死の宣言書）、家族の同意があることなどが前提になります。

1976年に設立された日本尊厳死協会が、尊厳死の啓蒙活動や尊厳死の宣言書の普及啓発活動をおこなっています。日本尊厳死協会の設立から40年以上が経ち、終末期に対する社会の認識も変わってきました。日本尊厳死協会の会員にならなくても、リビングウィル（終末期医療における事前の意思表示）はできるようになりつつあります。

人生会議（ACP）で、本人・家族と医療チーム、介護（ケア）チームが協議を重ねて、できるだけ本人・家族の意向や希望に沿うように配慮をしますが、その際に、尊厳死を望むかどうかは、その後の医療や介護の方向性を決める、大きなポイントになります。

また、その場になって本人の意思が確認できないということも予想されますので、事前に尊厳死の宣言書に記入しておくことも大変重要です。

延命措置には、おもに、人工呼吸、人工栄養、人工透析などがあります。これらの措置を検討する場合は、事前に相談するように医療チームに申し入れておきましょう。

尊厳死の宣言は、緊急時の救急救命措置を拒否するものではありません。

また、尊厳死の宣言書に署名捺印すれば、尊厳死の意思を示したことにはなりますが、それだけでは、納得のいく終末期の医療・介護を受けるには不十分です。最後まで人生会議（本人・家族、医療チーム、介護チームの話し合い）を継続することがとても大切です。

後見人制度について

後見人制度は、将来、認知症・脳血管障害・意識の低下などで判断力が不十分になったときに備える制度です。

後見人を決めて、公正証書で後見契約を結ぶことで、預貯金・不動産の保護、医療・介護などの手続き・支払い、相続手続き、生活に関する手続き・支払いなどを代行してもらうことができます。家庭裁判所が監督することで、本人が保護されます。

お一人様、親族が遠隔地にいる方、家族・親族の手をわずらわせたくない方などには、有用な制度です。

死後事務委任契約について

死後事務委任契約は　本人の死後のさまざまな手続きや事務を、生前に依頼する制度です。依頼される人と本人が公正証書で死後事務委任契約を結ぶことで、関係者への死亡通知、葬送・納骨に関する手続き、病院や施設の清算、行政などへの届け出、生活に関する手続き、遺品整理などを代行してもらえます。死後に依頼したいことを箇条書きにして契約します。

お一人様やご親族が遠隔地にいる方、ご親族との関係が疎遠な方などには、有用な制度です。

参考までに尊厳死の宣言書を添付しておきます。また、私が依頼された死後事務委任契約についても事例として紹介します。

尊厳死の宣言書

一般社団法人「わライフネット」提供

私は、私の傷病が不治であり、かつ死が迫っている場合に備えて、私の家族、縁者ならびに私の医療介護に携わっている方々に次の要望を宣言いたします。

この宣言書は、私の精神が健全な状態にある時に書いたものであります。

したがって、私の精神が健全な状態にある時に私自身が破棄するか、または撤回する旨の文書を作成しないかぎり、有効であります。

①私の傷病が、現在の医学では不治の状態であり、すでに死期が迫っていると診断された場合に、いたずらに死期を引き延ばすための延命措置を行うことは、一切お断りします。

②ただし、この場合、私の苦痛を和らげる措置は最大限に実施してください。そのため、たとえば麻薬などの副作用で死ぬ時期が早まったとしても、一向にかまいません。

③私が数カ月以上にわたって、いわゆる植物状態に陥った時は、一切の生命維持の措置をとりやめてください。

④当尊厳死宣言書の実施にかかわった私の家族、医療・介護者が刑事上・民事上の責任を問われることがないようにお願いします。

以上、私の宣言による要望を忠実に果たしてくださった方々に深く感謝申し上げるとともに、その方々が私の要望に従ってくださった場合、その行為の一切の責任は私自身にあることを附記します。

令和　　　　年　　　　月　　　　日

氏名　　　　　　　　　　　　　㊞　　生年月日　　　　年　　　　月　　　　日

住所

※２通作成し、１通は本人、もう１通は近親者（配偶者・子・後見人）が所有し、必要の際に医師に提示すること。

尊厳死の宣言書に

配偶者＿＿＿＿＿＿＿＿＿＿＿＿＿＿＿＿＿＿＿＿＿＿＿印　　同意します
令和　　　年　　　月　　　日　　同意しません

子＿＿＿＿＿＿＿＿＿＿＿＿＿＿＿＿＿＿＿＿＿＿＿＿印　　同意します
令和　　　年　　　月　　　日　　同意しません

子＿＿＿＿＿＿＿＿＿＿＿＿＿＿＿＿＿＿＿＿＿＿＿＿印　　同意します
令和　　　年　　　月　　　日　　同意しません

＿＿＿＿＿＿＿＿＿＿＿＿＿＿＿＿＿＿＿＿＿＿＿＿＿印　　同意します
令和　　　年　　　月　　　日　　同意しません

※尊厳死の宣言書は、人生会議（ACP）のなかで本人の意思（リビングウィル）を表明するうえで有効なものです。人生会議とは、人生の終末期において、本人・家族、医療・介護担当者がそれから先の医療・介護の方針をくりかえし話し合うことです。尊厳死の宣言書に署名捺印すれば、尊厳死の意思を示したことにはなりますが、納得のいく終末期の医療・介護を受けるには、それだけでは不十分であり、尊厳死の宣言書を書くことだけで安心せず、人生会議を重ねることが大切です。
※延命措置には、おもに人工呼吸、人工栄養、人工透析などがあります。
医療担当者に、これらの措置を検討する場合は、事前に相談するように申し入れること。
※緊急時の救急救命措置を拒否するものではありません。緊急時における心臓マッサージ、昇圧剤や強心剤の投与、気道確保・気管切開などについては、家族間の合意が必要。

かかりつけ病院名＿＿＿＿＿＿＿＿＿＿＿＿＿＿電話番号＿＿＿＿＿＿＿＿＿＿＿＿

担当医師名＿＿＿＿＿＿＿＿＿＿＿＿＿＿＿＿＿＿＿＿

事例③〝おひとり様〟との死後事務委任契約

Ｉさんは、若いころ離婚して、子供さん2人は元奥様が引き取りました。いわゆる〝おひとり様〟です。お仏壇がない新屋なので、私と顔を会わすのは本家での親の法事の時くらいでした。そのＩさんから「頼みたいことがある」との電話がありましたので、お宅まで伺いました。

75歳前後の印象でした。要件は「私が死んだら、いろいろ頼めるか？」

「何を頼みたいの？」と聞いてみると、

①死んだことを親戚に連絡してほしい。
②簡単な葬式をしてほしい。
③火葬後に収骨をしてお寺の納骨堂に納骨してほしい。
④役所の手続きや公共料金停止の手続きをしてほしい。
⑤病院や施設の支払いをしてほしい。
⑥築45年のこの家の遺品整理をしたうえで、この家をもらってほしい。
（※私は家はいらないと言いました）

今度は、私が聞きました。

⑦子供さんとは、相続の話はできているの？
……相続放棄してくれることで話はついている。
⑧今は元気そうだけど、だんだん調子が悪くなって、病院や施設に入るときは連帯保証人のハンコが必要になったりするし、手術の時には同意書にハンコが必要になるけど、だれに頼むの？
……あんたがハンコ押してくれないかなぁ。
⑨終末期にだんだんヨレヨレになって来たり、寝たきりに近い状態になったり、認知症になったりしたら、病院や施設のお金はだれが払うの？
……あんたが支払ってくれんかなぁ。

後日、何回も何回も意見交換をしたうえで、
・生きている時から本人に代わって支払いや手続きなどをする

・任意後見人の契約をする
・死亡後に頼みたいことを書き出しておいて生前に依頼しておく

等々の手続きをし、死後事務委任契約を結びました。

契約をして3年ほどたって最近お会いしましたが、お元気そうでした。本人は「少し認知症の症状が出ているのか、忘れっぽくなった」と言っていました。

若い頃の離婚でおひとり様になった方、結婚をせずにおひとり様になった方など、おひとり様が増える傾向にあります。高齢になると、行動力・判断力・決断力が鈍くなりがちです。要介護3・4・5になると自立した生活はできません。だれに助けてもらうか、決めておきましょう。

また、自身の死後の、死亡の連絡、葬儀、納骨、役所や保険の手続き、遺品整理などを、だれにやってもらうかも決めておきましょう。

後見人制度、死後事務委任契約などの利用をお勧めします。社会福祉協議会や地域包括支援センターなどにご相談ください。

事例④　規制の多い老人ホームで逝くか、自由に過ごせる自宅で逝くか？

Bさん夫婦は、ご主人の仕事の関係で5〜6年ごとに転勤を繰り返してきました。夫婦には一人息子がいますが、つねづね子供には迷惑をかけていると思っていたようです。Bさんは大手の建設会社の社員でしたが、一人息子の方も長じて大手の住宅設備機器の会社の社員となり、日本全国を転勤してまわっているようです。

そんなある日、83歳の奥様が突然死（診断書には心停止とあったそうです）で亡くなりました。その時、名古屋に住んでいた息子さんには「親の死亡で10日の有給休暇を取ることができるが、コロナのため帰郷はするな」との指令が出たと言うことでした。葬儀と法要は、87歳のご主人と地元の親戚でおこない、息子さん家族とはラインのテレビ電話で中継することになり、映像と音声が途切れ途切れながら配信されていました。

一人になったご主人は、朝から酒を飲むようになってしまいました。日常的にヨレヨレ状態になりつつあるので、息子さんの同意を得て、介護認定をお願いしました。買い物、食事の用意、洗濯など自立した日常生活が困難になりつつあり、ケアマネージャーさんと名古屋の息子さんが相談して、一般的な老人ホームに入居してもらうことになりました。

老人ホームに入居するのであれば、名古屋の老人ホームも考えてもいいのではないかと、私はアドバイスをしましたが、Bさんは息子夫婦に迷惑をかけたくないとのことで、地元の施設へ入居しました。入居して1年足らずして、私のお寺に電話がありました。その内容は、「施設の中で優等生でいるには、ひたすら個室で過ごすことだ、個室で新聞を読みテレビを見ての毎日だが、買い物に行きにくく、散歩も前もって申し出なければならず、後日許可が出る、許可が出ても付き添い人がいる状態だ、生活がとても窮屈で施設を出たい」との訴えでした。

息子さんとケアマネージャーさんに私は相談しましたが、自立した生活ができないので自宅に帰るのは無理だろう、との結論でした。ところが、本人は施設の反対を押し切って勝手に自宅に帰ってしまいました。私もケアマネージャーさんもちょくちょく自宅を訪問しましたが、朝から酒びたりで酔っ払い、自宅の中は物が散乱した状態でした。酒を飲みたいから施設を出たんだなぁ、と私は思いました。

数カ月後、自宅の玄関で転倒した状態で死亡しているのが発見されました。死後数日たっている状態だったそうです。

ご本人は、自宅に帰って好きな酒が飲めて、幸せに逝けたのだろうか？　名古屋の長男夫婦はどう思ったのか？　私は複雑な思いでした。

葬儀とお墓の話

瑞田　ひばりさんのお葬式はめちゃくちゃ大きかったですよね。

中村　大きかったですね。

瑞田　ひばりさんの棺《ひつぎ》を作った会社が、香川県の我が家のすぐそばにあるのですよ。その社長さんは「ひばりさんの棺はうちが特注で作ったで、ひばりさんが亡くなってからお葬式までの3、4日のあいだに作って東京まで送った」と言っていました。あんなに大きなお葬式をなさいますか？

中村　ご時世もあの頃からはガラッと変わってしまいましたものね。だから、いまはあまり大きいお葬式はしないほうがいいのですよ。

瑞田　東京都知事だった石原慎太郎さんは亡くなりましたけれども、家族で密葬してお骨になりました。それでお骨をちょっと前に置いてみんなでお別れ会をしますと。献花する人は献花してくださいねと……。

中村　みんなああいうかたちになるのではないですかね、これから。

瑞田　それがいいですか？

中村　いいんじゃないですか。大きなお葬式はしないほうがいいですよね、もうこれからは。

瑞田　お別れ会は、やっぱりメイコさんが亡くなるにしてもご主人が亡くなるにしてもやってほしいですか？

中村　どうでしょうね。

瑞田　死んだらそのまま放っておいてほしい人もたくさんいるのですけれども、そんな話はしませんか？

中村　なんにもしなくてもいいんじゃないですかね、亡くなったら。

瑞田　歌手の小椋佳《おぐらけい》さんが「ぼくが死んで友達がいっぱい集まってきてくれても、ぼくはもう死んで棺の中に入ってお休みしていて話もできないから、生前葬がいいです」といって、生きているあいだにお葬式をしたのです。「その代わりにぼくが死んだらもうお葬式はしない」と言っているのだそうですが、この生前葬はどうですか？

中村　私は、生前葬はいや。やっぱり生きている、死んでいるというのは、そこはしっかりとけじめをつけないとまわりの人も困ってしまう。

瑞田　生きているのに葬式というのは変ですね。ひばりさんの時代は、どこでもできるだけ盛大にお葬式をするのが慣習になっていました。しかし、その頃に比べて社会の状況も変わってきて、価値観も変わってきました。２０１０年に島田裕巳・著『葬式は、要《い》らない』がベストセラーになったのは時代の変化を象徴したものだと思います。お葬式の規模は小さくなり、家族だけで小さいお葬式をすることが多くなりました。お参りをしてもらうのは子か孫くらいになってきました。

「おばちゃんが死んだね」と内々でお参りをして、お骨になったらお骨を拾って、その後、親戚や知人友人に声をかけて、みんなでお別れ会をするのかしないのか話し合って決めるわけです。

　中村家の場合だったら、カンナさんがお母さんのお別れ会をするのかしないのか、お父さんのお別れ会をするのかしないのかというのを企画して、それでお別れ会をするのであればみんなが来てするもよし。

中村　そうですね。カンナはものすごく上手なご挨拶をすると思いますよ。小さいときから演説のカンナちゃんと言われていたので、そこはそっくりカンナに任せて。

瑞田　では娘さんにお任せして、お母さんのいろいろな思い出を話しながら。

中村　あんたの好きなようにしてと。

瑞田　お葬式用の写真はあるんですか？　もう用意はしているのですか？

中村　ないです。

瑞田　用意したらいいではないですか。

中村　ありすぎるのですよ、いろいろな写真が。

瑞田　じゃあそこから選んだらいいわけですね。自分が死んだら棺の中に入れてほしいものをきめておいて、これこれ、棺の中に入れてねと。旦那さんのもので、棺の中に入れたいものは何かないですか？

中村　これと言ってないかな。

瑞田「今日、お坊さんと話をしたら、お互いに棺の中に入れるものはないかと言われたけれども、何かなかった？　あなた」と、帰ってご主人に聞いてみください。「俺はこれとこれを入れてほしいな」とか言うかもしれません。

中村　そうですよね。聞いてみたことがないから。

瑞田　聞くことってないですよね、お互いに。どちらが先に逝くかわからないけれども、いっぺんには逝かないですから。相手が逝くときにはまだパートナーは生きているわけですから、入れてあげられる。だから、お互いに聞いていた方がいい。

中村　私のこの結婚指輪だって、結婚して65年、婚約が3年あるから68年前から、ぜんぜん外したことがないのです。結婚指輪をしていたら困る役をするときだけ外して、終わるとすぐにはめて、という感じで。

瑞田　テレビに映るときにだけ外すわけですね。

中村　これはお子様のサイズですけど、「結婚指輪でいいのですか？」と言われたくらい私は指が細いのですよ。だからいろいろな言葉を入れたかったのだけれどもスペースがなくて、「Long Long Love」の「LLL」としか入らなかったのです。

瑞田　指が細いからアルファベットの文字が入らない。……本当に細い。かわいい手。

中村　指輪が小さすぎて、だれも入らない。

瑞田　メイコさんの本に、お骨になったらメイコさんは中村家のお墓に入って、ご主人は神津家のお墓があるから神津家のお墓に入って、メイコさんはいわば中村家から神津家に嫁に来ているわけだから、メイコさんがもし亡くなったら中村家のお墓に入るのもいいけれども、ちょっとだけ分骨して神津家のお墓に入れようかと言ったら、ご主人が「あまりにうるさいから来なくてもいいよ、分骨しなくてもいいよ」というふうに言ったとあります。

中村　口のあたりが入って来たらうるさくてしょうがない。

瑞田　手や足のお骨ならいいけれども、万が一、口のあたりのお骨が入ったらぼくの横でやかましくていかんから、もう来なくていいよと。

メイコさんは中村家のお墓に入って、ご主人は神津家のお墓に入ると、もうお二人の間では話がついているわけですか？

中村　はい。そうです。

瑞田　そうですか。死んだら山でも海でも散骨してくれてもいいよというような、いまはそういうのが流行りみたい。石原慎太郎元都知事も、加山雄三さんと一緒によく湘南の海でクルーザーに乗っていたから、息子さん３人が「湘南の海に散骨しました」とニュースで言っていましたが、散骨というのはどうですか？

中村　私も裕ちゃんたちと同じ茅ヶ崎《ちがさき》に住んでいたものですから、石原兄弟の少年時代の姿を湘南の海でしょっちゅう見ていました。だから私は慎太郎さんのその気持ちはすごくよくわかるけれども、ただ海に撒《ま》くといっても、ぜんぜん見たこともない魚がパクパクと食べたりするとしたらちょっとイヤかな。

瑞田　いまは社会情勢も変わってきて、お葬式の状態が変わってきたことも話しましたが、散骨は一種のブームかもしれませんね。流行は流行として、メイコさんは「いや、私はお墓に入るわ」と？

中村　私は自分が役者だからかもしれませんけれども、なにかフワーッと撒くというフィナーレは劇場でやるときはすごく華やかなのですよ。

お葬式というのは、やっぱりひそやかに、悲しくしっとりとしたほうがいいなと。

瑞田　ほんとうに役者さんなんですね。そういうふうな演出に関するすべての場面を想像して。それはやっぱり亡くなってお骨になったら親族が骨壺をもって、お墓の前を開けて、お墓にお骨を入れて、閉めて、お線香をあげて、みんながしめやかに手を合わせて、というのが日本人っぽいというか。

中村　そういうごくありふれた日本風のお葬式がいいじゃないですか。

瑞田　そうですか。なるほど。やっぱり役者さんなのですね。そういうふうなシチュエーションを考えて、どれが似合うかというのを思うわけなのですね。たしかに散骨はお骨もサーッと、花束も一緒に投げて、花びらをバーッと散らしてというような演出もあるかもわからないけれども。それは……。

中村　そんなに華やかなものではなくていいと思う。

瑞田　人が死んだんだ。そういうことですよね。だから、お骨を扱うときというのはもっとしっとりということなのですね。

ところで、お葬式が済んで、法事はしてほしいですか？　三回忌とか七回忌とかの法事。もっといえば、もし旦那さんが先に死んだら子供さんに「お父さんの法事をしてあげてね」と言いますか？

中村　言いません。

瑞田　言わない。してもしなくてもかまわない？　これはご自分が死んでもですか？

中村　そうです。

瑞田　三回忌とか七回忌とか十三回忌とか。忘れてくれてもいい？

中村　死んだらそこで人生の幕が下りた、というわけですから。だからそこでいいんじゃないでしょうか。

瑞田　人が死ぬということは、オギャーと生まれて、2歳から役者さんをなさっていて、おしめから最後まで。最後はどこまでなのか、いまはわからないけれども、たとえば、もし、NHKニュースの字幕で「中村メイコさんが死にました」と流れたら、世の中の人は「メイコさんが死んだんだな」と思う。それでパシッと人生の幕が下りる。人が死ぬということはその人の人生がこれで終わりというイメージですか？

中村　そう。それでいいと思います。あと偲《しの》ぶのはそれぞれの偲び方があっていいと思いますから。

瑞田　それは残った人、パートナーであったり子や孫であったりがどういうふうにするか、もしくは友達とか交流があった人たちがどういうふうに偲ぶかというのは、それぞれが偲び方を考えたらいいけれども、本人にとってみればその人生はもうこれで終わり。

中村　こっち側が強制するものではないと思うのですけれどもね。

瑞田　自分から、たとえば七回忌の法事までしてくださいね、というふうに強制するのではなくて、みんながそういうふうにしようかな、というムードであればすればいいし。

中村　偲ぶ会みたいにね。「今日はメイコさんを思い出して一杯飲もうか」とか、そういうのがちょこちょことあればそれでいいんじゃないですかね。

瑞田　ご親族の方やお孫さんなんかが、おばあちゃんの墓参りをしようか、と。おじいちゃんは神津家の墓だけれども、おばあちゃんは中村家の墓で、それぞれこっちとこっちで墓参りをしようか、というふうに思えば、それはそれでいいけれども、本人が強制するものではないよということですね。

やっぱりお葬式のときには、お坊さんとかがいたほうがいいですか？　この頃はお坊さんを呼ばないお葬式も結構ありますけれども。曽野綾子さんの話を聞いたら、あの人はキリスト教なのですが、やっぱりキリスト教の宗教者はいるなというふうにおっしゃっていました。

お葬式のときにお坊さんとかはいたほうがいいですか？　いなくてもいいですか？

中村　どうでしょう。私はある程度、日本人ですからお坊さんにお経をあげていただいて、みんながお焼香をしてというのが好きですけれどもね。

瑞田　やっぱりそれもお葬式っぽい、お焼香のお香のかおりも含めて。

中村　そうね。あの匂いがね。

瑞田　煙がウワーッとたって会場のかおりも含めて、その空間全体が、いかにもお葬式のイメージ。ＢＧＭではないけれどもお坊さんが前にいてお経を唱えてくれて、お鈴の音がチーンと。

中村　お経が流れていて。

瑞田　やっぱりそれがお葬式っぽいなという感じがするのですね。

仏教では、亡くなった人は極楽浄土に行くと言われているのですけれども、さっきの話では、亡くなったら終わりだという人もいるし、ご主人が「死んでメイコの口のあたりのお骨がぼくの横に来たら、やかましくていかんから」と言われたということは、神津先生はひょっとしたら死んだあと、あの世もあるのかなというようなイメージなんでしょうか。

中村　そう思っているみたいです。死んだらベートーベンに会いたいとか、おもしろいことを言っています。

瑞田　そんなことを言っていますか。死んだらその人の人生は終わりだけれども、終わった次、たとえば私がよくこの頃、だいたいはおじいちゃんが先に死んで、おばあちゃんが残って、一生懸命にお葬式をして、田舎ですから四十九日《しじゅうくにち》、一周忌、三回忌、七回忌と法事をするのです。一息ついたときに、何人かのおばあちゃんは「私ね、おじいちゃんのお骨の横に入りたくはない」と言うのです。

中村　そうでしょうね。そうだと思います。

瑞田　そう思うのですか？　私はお坊さんですよ。そのお家の喪主ではないのです。だからお葬式をしたり法事のお経を読んだりはするのですけれども、おばあちゃんに「おばあちゃんがもし死んだらお葬式は一生懸命にしますよ。だけどもお骨をお墓のおじいちゃんの横に置くか置かないかということは息子さんが決めたらいい。それは息子さんに言ったらいい」と私が申し上げたら「ちょっとこの前、息子に言ってみたのだけれども、うちはお墓は二つもいらないし、作れないし。だから、おふくろがそんなことをごそごそ言っても死んだら終わりだから、おじいちゃんの横に置くわ」と息子に言われたんやと。「これだけ親が頼んでいるのに聞いてくれない。うちの息子は鬼やな」と私に愚痴を言うのですよ。

　ということは死んだらいったんそこで人生の幕は下りるかもわからないけれども、それからもう一回次の世界があるのかな、あるから、死んで終わりやと思うのだったら、おじいちゃんのお骨があっておばあちゃんのお骨が横にきても別になにもないのに、おじいちゃんのお骨の横にはいたくないと言うのですよ。

「どうしていたくないの？」と聞くと「もう、60年も70年も一緒にいてそれぞれやってきたから、もし次に世界があるのだとしたら、次はまた別の人と一緒におって、こっちも別の人と一緒にいてもいいのではないか。別に私でなくてもええと思うのだけれども」と言うおばあちゃんがいるのです。どう思いますか？　それもわかると思いますか？　それはいかんなと思いますか？

中村　いいと思います。

和尚の終活アドバイス

葬儀について

葬儀は、喪主の意向や判断で執《と》り行われます。葬儀社は、家族・遺族とも打合せをしますが、最終判断は喪主がすることになります。請求書も喪主宛に届きますから、支払いについても責任を持つことになります。

どのような葬儀にするのかを判断するにあたっては、故人はどんな葬儀を望んでいたのか？　家族・親族はどんな葬儀にしたいのか？　さらに予算のことなども考慮して、葬儀の打合せをすることになります。

お骨の埋葬方法、その後の年忌法要などについても、故人の生前の意向と家族・遺族の意向を考慮したうえで、最終的には喪主やその家族が判断します。

昭和の時代から平成10年ころまでは、故人の相続財産があるかないかにかかわらず、長男が喪主になり、親の葬儀は長男が取りしきって実施するのが普通でした。近ごろでは「せめて葬式代金くらいは残しておかないと」と考える親世代が多くなってきています。人生の終末期になって何かと出費がかさむ中でも、自分たちの葬式代には手をつけず残しておきたい、と思う方が増えている印象があります。

そうすると、喪主は故人のお金で葬儀をすることになるわけで、故人がどんな葬儀を望んでいたのかをより知りたくなるのも当然かもしれません。

故人の死亡の知らせが届けば、親族以外の人でも弔意を表したい人がいるかもしれませんし、お別れの儀式として葬儀に参列したい人もいるかもしれません。遺影写真についても、事前に本人の希望、家族の希望などを話し合っておくことが大切です。

葬儀の形態について

近ごろ、一般の方の葬儀は、小規模化・簡素化の傾向が顕著です。

参列者の人数で分類するとすれば、次のようになります。

①70～80名以上の一般葬　：家族・親族、地域の人々、友人・知人、職場関係の人
②40～50名ほどの一般葬（小）　：家族・親族、親しかった友人・知人
③20～30名ほどの家族葬　：家族・親族、故人の兄弟、甥姪、いとこなど
④10名ほどの家族葬・密葬　：故人の子供夫婦、孫夫婦など

伝統的な仏教的儀式は、

当日

①枕経《まくらぎょう》

②納棺

③通夜

翌日

④葬儀

⑤火葬場読経

⑥繰り上げ初七日

となりますが、簡略化して少し省く傾向もみられます。

①～⑥まできちんとやってほしいと望む人がいる反面、遠方の子供夫婦や孫のことも考慮したい、と思う人もいます。喪主側もきちんとやってあげたいとの思いと、距離や

時間の都合と費用の狭間にあります。

近ごろは、子供夫婦や孫が遠方に住んでいて、臨終に立ち会うことがとても少なくなりました。あわてて帰ってきても故人は棺の中の場合が多いのです。お坊さんとしては、臨終の瞬間、納棺前の故人の姿、火葬場での親族の涙、収骨の様子などを孫たちに見せておくことは、人生観・宗教観・死生観を形成するにあたっても大変重要なことだと思います。

葬式に対する自分の希望を述べておくことは、すなわち喪主に故人の希望を伝えるということです。自分の死亡を知らせてほしい人や、葬儀に来てもらいたい人がいたら、リストアップしておきましょう。

菩提寺があって宗教者が決まっている場合は、家族に伝えておきましょう。宗教者による葬儀をしたいが、宗教者が決まっていない場合は、たとえば宗派や地域の方々の評判、納骨堂があるか？　お寺で法事等ができるか？　など条件を整理した上で、あらかじめ宗教者と面談して決めておくようにしましょう。

宗教者によらない、いわゆるお別れ会のような葬儀も微増の傾向です。この場合、四十九日法要、三回忌法要など、宗教にもとづいた儀式がないことに注意が必要です。

遺影写真について

近ごろは写真はデジタル化されていて、おもにデータで保管されています。自分で自分の写真はなかなか撮れないので家族に撮ってもらって、気に入ったのがあればプリントしておきましょう。遺影用の写真の候補を5〜10枚以上残しておくようにするといいでしょう。

また、棺の中に入れるものを、あらかじめ準備して伝えておきましょう。（金属・プラスチックはＮＧ）

・アルバムの写真
・捨てられない手紙、ハガキなど
・水子の位牌など
・お気に入りの服、帽子、杖など
・極楽へ一緒に持っていきたいものなど

お骨（埋葬）について

・墓（すでに墓がある、新しく墓を建てる）
・樹木葬
・納骨堂
・散骨（海洋・山林など）
・家族、遺族に任せる

お骨の埋葬の仕方についても、複数の選択肢があります。本人の希望と、後にお参りする家族・遺族の希望を調整しておくようにしましょう。

樹木葬は樹木葬墓苑があります。散骨は個人がおこなうのではなく、散骨業者に依頼するのが一般的です。業者のパンフレットやホームページをよく確認しましょう。

散骨の場合、最近はトラブルが発生しています。散骨をおこなった人のマナーが悪く地域住民から苦情がきた、遺族・家族がお盆・お彼岸・命日などに墓参りをしたかったのに、手を合わす対象がなくなってしまい、親族と諍《いさか》いが生じるなどという問題が報告されています。また、散骨については現時点では法律の整備がされていませんので、違法とも合法ともいえません。

さらに、収骨をしないとの選択をする人も、きわめて少数ですが、いるようです。散骨の場合と同様に、遺族が礼拝する対象がなくなります。少量でも収骨をしておくことをお勧めします。

次に、ご夫婦で同じ墓に入りたくないという奥様の事例を紹介します。

事例⑤　お骨の行方《ゆくえ》

Dさんご夫婦は、ご主人が会社員で奥様はパートの仕事をしていました。定年後は2〜3反ある田んぼや畑で野菜作りをして、2人で仲良く過ごしていました。細ネギやオクラ等は産直に出荷したりしていて、私も、ナスやブロッコリー、トマト、レタスなどをたくさんいただいていました。子供さんはそれぞれ結婚し、別居しています。

そんな中、ご主人が脳出血で82歳で亡くなりました。葬儀の喪主は息子さんでしたが、別居していることもあってか、奥様が一生懸命に葬儀、満中陰法要、百日法要、お墓への納骨、一周忌法要、三回忌法要を執り行っていました。奥様の一生懸命さ、ひたむきさがひしひしと伝わってきました。

Dさんのお宅へは、月命日に毎月お伺いしており、一緒に「正信偈《しょうしんげ》」を読み、お茶をいただき何気なく世間話をしていました。三回忌が終わると次は七回忌まで四年間法事はありませんが、毎月お伺いしていました。あるとき、奥様が私にこう聞いてきました。

「近ごろよく思うんですが、私が死んだら私のお骨は主人のお墓の横に置かれるんですか？」

「一般的にはそうですね！」

「主人と一緒のお墓に入りたくない場合は、どうなりますか？」

「なかにはそういう方もいるかもしれませんね!!」

「その場合、お骨はどこへ行くのですか？」

「奥様が亡くなってお骨になった時、そのお骨をどこに納骨するかはお坊さんの私が決めることではなく、喪主の息子さんが決めることだから、息子さんと相談したらいいですよ」

こう言って、その場は終わりました。

しばらくして、奥様のところに息子さんとお嫁さんが来ました。奥様が「私は〇〇家の墓には入りたくない」と言ってみたところ、息子さんに「うちはお墓を2つも建てることはないから……死んだらわからんのだから……墓に入れるよ!!」と言われたそうです。ちゃんと向き合っての話ではなく、軽く一蹴されたようでした。奥様は真剣だったので、実の弟さんに「実家のお墓に入れてもらえないか?」とも聞いたそうです。弟さんには「姉ちゃんは嫁に行っているんだから、実家の墓に入るのはおかしいよ。そっちに入ったらいいよ!!」と相手にもされなかったということでした。

あきらめきれない奥様は、その次に息子さん夫婦と会った時に「私がお骨になったら、山にでも海にでも捨ててちょうだい!!」と言ったそうです。どうして家のお墓に入りたくないのか、ご主人の横がいやなのか? ご主人のお父さん・お母さんと一緒がいやなのか? 理由は聞いていませんが、今度は息子さん夫婦から相談がありました。私は「お母さんと息子さん夫婦3人でよく話し合ってくださいね」と念を押したうえで、お母さんが主張していることを頭から否定するのではなく、とりあえずの折衷案《せっちゅう》などでお茶を濁すというか、妥協しておくのも一案で、その方がお母さんとの関係が悪くならないような気がしますよ、とアドバイスをしておきました。

結局、お母さんがお骨になったら称讃寺の納骨堂にとりあえず納骨する、との合意に至って、一件落着したようです。実際にお母さんが亡くなってお骨になったら、本当に称讃寺に納骨するか、結局はお墓に入れるのかは、私にはわかりませんが……。

葬儀や法要、遺骨の納骨の仕方は、昭和のころは社会通念があってだいたい決まっていました。現在では多くの選択肢があります。葬儀では一般葬、家族葬、直葬などがありますし、お骨の埋葬でも、墓、納骨堂、樹木葬、散骨などがあります。葬儀でも埋葬でも、本人の希望とお参りする側の希望があります。元気なうちに、本人の希望を聞いたうえで調整をしておく必要があります。

宗教儀式・儀礼としての葬儀や法要

宗教儀式として葬儀や法要を執り行う場合、その葬儀や法要には、宗教・宗派による教義上の位置づけや、宗教上の意味合いがあります。日常的には宗教と疎遠であっても、葬儀や法要の機会に宗教的な法話を聴き、宗教的な考察をし、宗教の雰囲気のなかに身を置いてみるのもいいと思います。

葬儀や納骨や法要などを現代的にアレンジすることは悪いこととは思いませんが、過度な簡略化は、子・孫・曾孫など次世代の人たちの典礼の心や習慣を育む機会をなくすことになってしまいます。過度に故人を讃える必要はないにしても、先代や先々代の人柄や功績、その人の生きた証を偲《しの》び、いま生活している者の生き方の参考にすることは、学校では教えてくれない大切な教育であることには間違いありません。

葬儀や法要を通じて、若い方々に死生観を育んでもらい、生きる意味を見つめ直してほしいと思います。心の薄っぺらい若者を作らないようにしたいものです。

死後の世界の話

瑞田　仏教では死んだら極楽浄土に行くといわれています。地獄に行く人がいるのかいないのかは知りませんけれども、極楽に行くのですよと言うけれども、極楽の世界というか、死んだあとの世界というのはなんとなくうっすらとあるような気はしますか？

中村　私はあると信じている。

瑞田　先ほどの話でいうと、人生オギャーと生まれて、死んだら幕が下りていったん終わり。終わるけれどもそれからまた次の世界があるだろうな、というふうに信じているのですか？

中村　そうです。2歳半から舞台に立っていたものですから、昼の部の幕が下りたときに何を思うかといったら「あと1時間半で夜の部だな。もう支度しなきゃ」とか思ったのですね。だから幕が下りることがちっともこわくないし、嬉しくもないし。

瑞田　日常的な幕が下りたというくらいの感じ。じゃあどちらかというとご主人の神津先生も「俺の横にメイコの口のあたりのお骨が来たらやかましくていかん」というふうに言うのですから「あの世の世界はあるのだろうな」と、なんとなくイメージしている？

中村　そうでしょうね。

瑞田　そうでなかったら、やかましくてもやかましくなくても関係ないですものね。

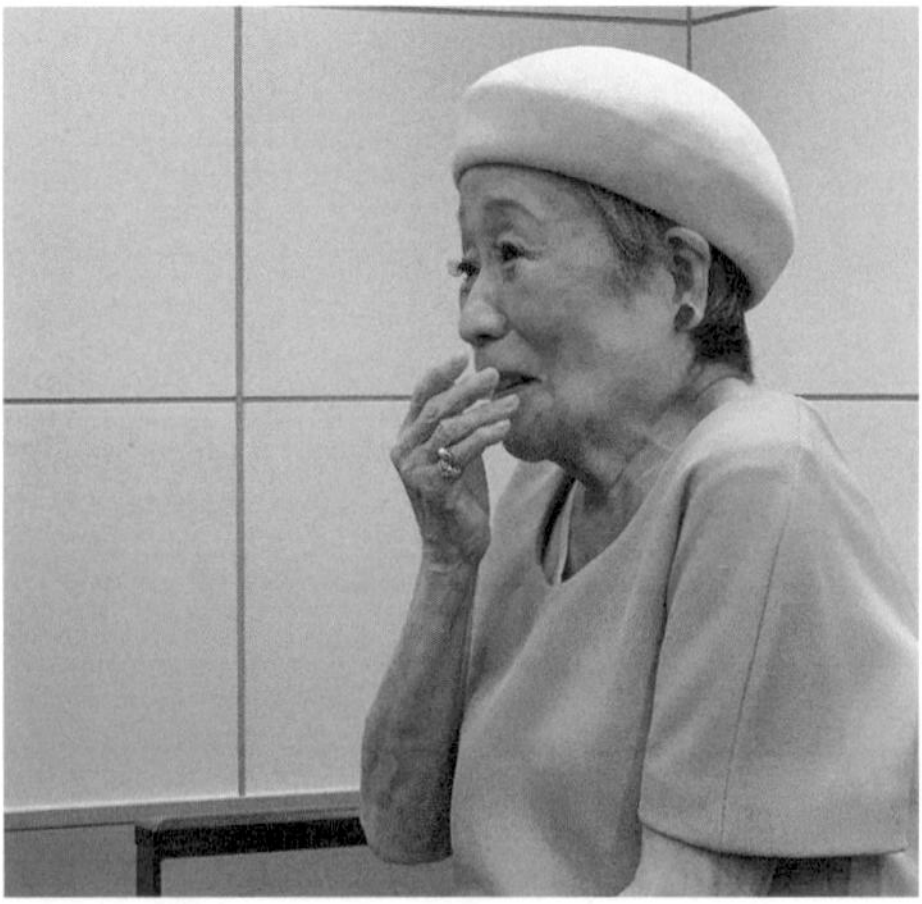

中村　神津は「ベートーベンに会ってみたい、モーツァルトに会ってみたい」と。だから死ぬのがこわくない。

瑞田　それはすごいな。ということは、あの世に対する希望がある。メイコさんは、向こうに行ったらこんなことをしてみたいとか、あの人に会ってみたいとか思っていますか？

中村　私は具体的にはないですけれども、とりあえず美空ひばりに会いたい。

瑞田　「来たよ」「やっと来たの？」とか言って。

中村　「どうだった？」って。「あなた、来てみたらどうだったの？　私、新入りだから教えて」と言って。

瑞田　あの世の話を聞いてみるわけ？　住みやすいよとか住みにくいよとか。

中村　聞いてみたい。

瑞田　江利《えり》チエミさんにも美空ひばりさんにも。

中村　私は都々逸《どどいつ》とか、そういう日本的な粋なものはあまり好きではないのですが、「女房にゃ言えない　仏ができて　秋の彼岸のまわり道」という都々逸があるのですよ。いいなと思って。しゃれていますよね。楽しいですよね。

瑞田　たしかに死ぬと現実の世界がなくなるという事実はあるかもしれませんが、向こうの世界があって、そこで何をしようとか。たとえばひばりさんに会ってみたいとかというふうに思えること自体が楽しいですよね。希望があるということだから。

中村　楽しいです。

瑞田　仏教では、菩薩《ぼさつ》とか如来《にょらい》とか、仏様にいろいろな呼び方があるのですが、浄土真宗では、死んだら菩薩になって、神津さんの家族を守るといわれています。

還相回向《げんそうえこう》と往相回向《おうそうえこう》というのがあって、菩薩になってまた向こうから自分のところを見て、あの世からちゃんと家族のみんなが幸せになっているようにと一生懸命に手配するのです。メイコさんは、向こうに行ってひばりさんに会ってみたいとか、向こうに行っても う一回役者さんになってみたいとか思われますか？

中村　何もしたくない。向こうに行ったのだから、幽霊になってふわふわと雲みたいに。

瑞田　幽霊になりたいわけですか？　それはやっぱり「あの世」、という舞台設定で、自分の立場を考えたら幽霊が似合うであろうと。

中村　一番似合うでしょう、あの世に行ったら、幽霊が。そして、一番目立たないと思う。

瑞田　やっぱり女優さんですね……目立たないか。幽霊は足がないから、ふわふわと飛んで……。

引っ越しでトラック7台の片付け

瑞田　地下1階、地上2階の300坪の豪邸に、「ごめんください、荷物を持って来ました」と宅配便の人が来たら、あわてて2階から走って下りて荷物を受け取るまでが大変だったという話が本に書いていましたが、その豪邸から、3LDKのマンションに「よしっ」と思いきって生活を縮小された。言い換えれば一種の断捨離とでも言ったらいいのでしょうか？

中村　たしかに断捨離ですよ。断捨離という言葉自体はあまり好きではないですが、でも自分たちのまわりの、膨《ふく》らむだけ膨らんでしまったいままでの荷物をぜんぶ処分しましょうと。そういう意味の断捨離です。

瑞田　トラック７台分も。

中村　神津さんは音楽家だから、グランドピアノから何からかさばるものばかり。

瑞田　そうかそうか、だからメイコさんの衣装だけではなくてピアノもあるんですね。

中村　目立つものばかり。私は着物３００枚とか。

瑞田　フィリピンの前の前の大統領のマルコスさんの奥さん、イメルダ夫人が靴箱を開けたら靴がバーッと2万足くらいあったと。一年は365日しかないので……54年以上、毎日一足ずつ買いつづけたことになります。

中村　私は日本のイメルダ夫人、と、あの頃よく言われました。靴と衣装がバーッとあったから。300坪は贅沢な広さではなくて、必要にかられてだったのです。

瑞田　それを3LDKのマンションに住む、というのは一大決心じゃないですか。

中村　あちらはそうだったかもしれません。私はいつでも「引っ越すぞ」「はい、わかりました。いつまでに片付ければいいですか」、「どこかへ行くぞ」「はい、いつまでにスーツケース作ればいいですか」みたいな奥さんなのですよ。ぜんぜん自分から発想しないし、動かない。

瑞田　神津先生が「引っ越すぞ」と言ったのですか。

中村　なんでもそうですよ。

瑞田　それはすごいな。じゃあ先生が、子供さんが3人みんな巣立って、夫婦だけになって、もう生活をぐっと縮小したらいいと思ったんですね。

中村　そうですね。私は小さいときから役者でしたから、セットに合わせるのが上手いのですよ。
「メイコちゃん、今度のあなたの役は四畳半一間で暮らしているおかみさんだよ」と言われたら「はい、わかりました」と言って。四畳半一間で、それらしく生きていくふりをすることが上手いのです。

瑞田　そうですか。ご主人はどうして一大決心をしたと思いますか？　本によると、「メイコがもし先にあの世に逝ったら、ぼくはメイコの服に埋もれて生活するのがいやだから。お前、生きているうちに自分で自分の服くらい片付けてくれるか」と。だから生活をお互いに……。

中村　要するに私は身体が小さいから、ぜんぶ今日のように色をそろえないとイヤなのですね。だからカラーパンストが、それこそ何百足とあるのです。

瑞田　ストッキングも帽子も靴も服の色に合わせると！　だから服の分だけ帽子も靴もストッキングも必要なわけですね。それで衣装が膨れあがった。それに埋もれるのがいやだから、断捨離をしようかと。

私が知っていたら、神津先生が弾いていた楽器とかメイコさんがかぶっていた帽子とかは、オークションか何かで売ったらよかったな。高値で売れたかもしれません。

中村　ひと儲けできたかもね。

瑞田　どれだけ儲けになったかはわかりませんが、もしかしたら、「メイコさんがかぶっていた帽子はいりませんか?」という感じでやれば、それこそ困っている人に少しでも何かのプレゼントになったかもしれませんね。ぜんぶ捨てたんですか。

中村　捨てました。私はわりと未練がないの。女のくせに。男は捨てませんでしたが。

瑞田　男は捨てない。だけども服には未練がない?

中村　ないのです。

瑞田　2人しかいないのに食器が山盛りあったりとか。それもエイヤーといって決心して捨てられましたか?

中村　レストランとか喫茶店とかの知り合いにずいぶん喜ばれました。コーヒーカップとかお皿とか、差し上げたのです。それは使い古していないから。ほとんど新品のままだったからね。

瑞田　もらってくれる人がいて、使ってくれる人がいればいいですね。

「大事なものは先に捨てなさい」とも書いていますね。

中村　最初に思いきって捨てないと最後まで残ってしまいます。

「メイコさんって思い出っていうものがないの？」と言われました。あまりパッパッと捨てるから。

瑞田　普通は捨てられないですよ。この服を捨てようかなと思ってもあのときの思い出があって。この雑貨を捨てようと思ったら、これはあのときの……と。

それとも、片付けるのが面倒だから置いているという思いはあったのですか？

中村　いや、それよりも、役者をしているせいかもしれないです。２歳半から役者をしていますと、場面が変わることにいつも向き合っているわけです。いままで芸者さんのきれいな格好をして「お母さん、行って参ります」と言っていたのに、「はい、次、メイコちゃん、芸者をやめたところの長屋からね」と言われて「はい」と言って、汚い格好をして長屋のおばさんになる。そういうことにきっと慣れているのですよね、神経が。舞台は変わるものだと。

瑞田　旦那さんも捨てられましたか？　ドラマでは……。

中村　捨てましたね。

瑞田　豪邸から３ＬＤＫの生活になると、夫婦が近くなるのではないですか？

中村　そうなんです。それがイヤなのです。

瑞田　イヤなの？　大きな家のときには向こうが楽器を弾いていても、こっちはこっちでテレビを見ていたりとか。こっちがたとえばコーヒーと何かを食べていても、向こうは向こうで好き勝手なことをしている。お互いに干渉しないし、向こうはなんかやっているなぁくらいで済みますからね。

生活を縮小して、よかったところと悪かったところはありますか？

引っ越したのは80歳になるかならないかの時期でしたが、そのときに夫婦ふたりが近くなってくると、相手が聞いている音楽も聞こえるし、いろいろなことが近くなってくるでしょう。やっぱり相手が電話している声も聞こえてくるという感じになってきて。これはよかったなという感じですか？

中村　どうなっているのかな。いまは機械がよくなったから、電話も昔みたいに「もしもしーっ」ってやらなくてもいいです。昔はお家《うち》に一台しか電話がなかったですから、玄関先で電話しているとみんな誰が話しているのかわかりましたけれどもね。このごろは携帯電話で自分の部屋で話しますから、あまり聞こえなくなりましたよね。そういう意味では生活が小さくはなったけれども、お互いにプライベートは干渉しなくてお互いの距離を保ったままで、あまり不自由はないですね。

瑞田　エノケンさんがくれたキューピー人形が捨てられないとか、それから高倉健さんと江利チエミさんの結婚式の写真が捨てられないとか、東郷青児《とうごうせいじ》が描いてくれた似顔絵のデッサンが捨てられないとか。やっぱり宝物でいまでも持っているのですか？

中村　どこかにいっちゃいましたね、みんな。東郷青児さんのだけは残していたかったなと思うのですが、引越しのたびに知らない人がみんな手伝ってくれるでしょう。私に執着がないものだから、「これはおもしろそう、やったあ」と思って持っていったのかもしれないし。

瑞田　その品物がまだあれば、かえってまた執着して、これは捨てられないなと思うけれども。「あれ、どこにいった？　なくなっちゃった」というふうになれば……。それはいいことじゃないですか。

中村　神津さんが言っていました。「あんたは、だれも持っていかなかったね」と。申し訳ないことですけれど。

瑞田　でも、それで心は軽くなっているんですね？　物が仕舞えて心が軽くなって、それからは物を増やさないようにと意識はされているのですか？

中村　そうですね。あります。

瑞田　余計なものは買わない？　お土産なんかも買わない？

中村　買わない。ずいぶん買わなくなりましたね。前は本当に「ショッピングのメイコちゃん」とか言われたくらいだったけど。

瑞田　女の人は買い物をすることがストレス解消になると言われますが、デパートなんかにショッピングで歩いて、それでついこれも買って、あれも買って、たくさん買ってしまったなとなるとストレス解消になったような気分になって、心がスーッとして「ああ、今日はいい一日だった」と思ったりするのでしょうか？

中村　普通の女の人はね。ただ、私は幸か不幸か、デパートに行った日なんかには、みんなにワーッと囲まれて、「メイコさん、こっち向いて写真撮らせて」「サインして」と。だから買い物なんかしている暇がなかった。だから、よほどのことがない限り行かない。

瑞田　人目につくようなところには行かない？

中村　行かないわ。

瑞田　ではご主人さんと、たとえば結婚記念日とか誕生日とかに、ちょっと2人でランチしようか、ディナーしようかとなったら、ホテルに予約しておいてお忍びで行って、済んだらみんなが通るロビーなんかは通らずに、さっと帰ると。うちのお寺で講演をしてくださったときにも、帰りは「ここのお寺の勝手口はどこですか?」と聞いて。みんなメイコさんを待っているのに裏口からパッと出て行かれましたね。

中村　そうですね。でも、ひばりさんは、私なんかよりももっともっとファンがすごかったから、ある時、ひばりさんが大きな舞台で「私ね、昨日、デパートに行ったんですよ」と言ったことがあるのです。そうすると「うわーっ」ってお客さんがびっくりして。あのくらい大きなスターはもういないでしょうね、日本には。

瑞田　そうでしょうね。でも、物を増やさないようにしていても、自然に増えないですか?

中村　ずいぶん増えなくなりましたね。買わないもの。

瑞田　それは２０１４年に大きな断捨離をして、マンションに引っ越して置くところもないからもう買わないようにしようと心に決めたのですか？　それとも自然に買わなくなったというのか、物への執着がなくなったのですか？　物はあの世に持っていけない、思い出は持っていけるけれども。

中村　執着がなくなりました。本当にないですね。

瑞田　神津先生も執着がないのですか？

中村　あの方もピアノから始まってずいぶん物を捨てましたね。

瑞田　やっぱり同じなのですね。「あなた、そんなものを捨てるのですか？」とかお互いに言わなかったのですか？

中村　言わない。言っていたらきりがないですもの。

瑞田　逆に「これも捨てたら？　あれも捨てたら？」というふうにも言わなかったですか？

中村　言わなかったですね。

瑞田　お互いにいい間隔を保っているのですね。うちの妻だったら私に言いそうです。私があれやこれやしていたら「あなたこれも一緒に捨てて。あれも残っているじゃないですか」と。ついつい言われるとカチンときて「お前だって捨てたらいいじゃん」というふうに私が言って、喧嘩になるような気がしますけれど。お互いなにも言わないのがうまくいく秘訣ですね。

中村　本当に干渉しない夫婦ですね、うちは。

瑞田　だからマンションになってもお互いに干渉せずに、巨人の野球のときには２人でひとつの同じテレビを見ていても、それが済んだらまた別々になってと、自然とそういうふうに重なる部分と重ならない部分とがあって、お互いに干渉しないということは、いいことなのですね。

中村　私はいいことだと思いますけどね。

和尚の終活アドバイス

元気なうちに物の片付けや整理をしておきましょう

一般的に、整理や片付けをしないと、物はたまる一方・ふえる一方です。他方、高齢になってくればくるほど、気力・体力・精神力が低下して、物の整理や片付けができにくくなります。高齢のご両親が亡くなったあとの遺品整理で、子供さん方が大変な思いをした、とか、業者さんに頼むと高額の請求がきた、との話はよく耳にします。気力・体力がある元気なうちから、生前整理をしておくことをお勧めします。

分別の一例

たとえば、２時間くらいで整理したい物の種類・範囲を決めて、すべて目の前に出します。

まずは、①必要なもの（使うもの）と不要なもの（使わないもの）に分けます。

それから、②不要なもの（使わないもの）を、捨てられるものと、思い出があって捨てられないものとに分けます。

最後に、③捨てられないものを、だれかがもらってくれる可能性があるものと、だれももらってくれないだろうものに分けます。

あまり時間をかけずに、事務的にサッサとやることがコツです。

不要なもの（使わないもの）で捨てられるものは捨てましょう。だれかがもらってくれる可能性があるものは、子や孫や友達にもらっていただく努力をしましょう。残った、不要（使わない）だけれども捨てられないものは段ボール箱などに入れてひとまとめにしておきます。

たとえば、今日は2時間かけて食器棚の整理をします。夫婦と子供2人の4人で暮らしていたのが、子供が独立して夫婦だけになっているのに、食器はそのまま置いてあることがよくあります。分別しましょう。

たとえば、今日は2時間かけて洋服箪笥《だんす》の整理をします。上のごとく、必要な服と、不要な服で捨てる服、捨てられない服に分けましょう。

たとえば、今日は2時間かけて和服の整理をします。必要な服、不要で捨てる服、不要だけれども捨てられない服に分けましょう。

たとえば、今日の2時間はキッチン。たとえば、今日の2時間は和室。たとえば、今日の2時間は寝室。たとえば、今日の2時間はリビング……。というふうに、無理がないように短時間でササッとやりましょう。

毎日毎日決死の思いでやるのではなく、気が向いたときに短時間で少しずつやるようにすれば苦になりません。3カ月、半年、1年もすればだいぶん片付いてきます。片付けば、スッキリ感が味わえますので、スッキリ感を楽しみながら、気軽な気持ちでときどき片付けをする方がうまくいくことでしょう。

物の分別をして、必要なものを再度収納する時は、元の位置に戻すのではなく、使用頻度が高いものほど取り出しやすい位置に収納し、使用頻度の低いものは上の方とか奥の方とかにしまいます。使用頻度に応じた再配置をしましょう。

写真や手紙等、思い出があって捨てられないものは、小さくまとめて袋などに入れておき、「私が死んだら、この袋を棺に入れてね」などと頼んでおくのも一案です。

デジタル製品

携帯電話、スマートフォン、パソコン、タブレットなど、世の中にはデジタル機器があふれています。

スマートフォンやパソコン、タブレットなどにパスワードをかけていることもありますし、IDとパスワードがわからなければ開けないサイトもたくさんあります。プロバイダー契約や何かの会員になっていて月ごとや年ごとに課金されているサービス、インターネット上で定期購入しているもの、ウイルス対策ソフトなど定額課金されているものや、スマートフォンの契約なども、本人が死亡しても解約しないかぎり課金され続けます。

ところが、遺族の方が解約しようとしてもIDやパスワードがわからなくて困惑する場合が多いのです。それぞれのIDやパスワードは、エンディングノートなどにわかりやすく整理して書き残しておきましょう。

パソコン・スマートフォン・タブレットなどの中の写真、住所録、メールなども整理して、不要なものは消去しておきましょう。

ペットなど

犬、猫、金魚、メダカ、小鳥、観葉植物……本人が死亡しても後に残る可能性があるペットなどは、前もってもらってくれる人を探しておきましょう。犬、猫等は年齢や病歴なども紙に書いて伝えるようにしたいものです。

事例⑥　家・土地・墓などを生前に整理する

山間の過疎地域にお住いのEさん。３反ほどの田んぼを持って稲づくりをしていましたが、形が悪く水の便もよくないため、80歳になるころに、タダ同然で売りました。残った不動産は宅地と、その前にある１００坪ほどの畑と、築65年の農家の母屋・納屋です。男・女・女の３人の子供さんがいて、長男は横浜、長女は広島、次女は家から車で40分ほどの丸亀市で生活しています。80歳を過ぎたころ、Eさんは脳梗塞で左半身が麻痺して車椅子生活になり、奥様もご主人を介護している時に転倒して股関節骨折で車椅子生活になりました。おふたりとも要介護３で別々の施設に入所しましたが、５～６年後に先にご主人、その後奥様と相次いで亡くなりました。

相続人は子供３人。長女と次女は結婚や家の新築の時に親から少し援助してもらったため、相続は放棄したそうです。財産を相続することになった横浜の長男は、地元に住んでいる次女が終末期の面倒を見たので、現金２００万円を渡すことにしたそうです。残りを長男が相続するのですが、相続財産を調べたのはそれからでした。

170坪ほどの宅地と畑、築65年の家・納屋、預貯金が700万円。不動産は、親戚や知り合いに欲しい人はいないかと、ずいぶん探したみたいですが、見つからなかったようです。

700万円の現金から次女に200万円渡すと500万円。葬式費用100万円を差し引くと400万円。家の遺品整理・解体費用250万円を差し引くと150万円。墓終《じま》い費用が50万円で残金100万円。墓から出てきた先祖のお骨と両親のお骨を横浜のお寺の納骨堂に納める費用が150万円で差し引き50万円の赤字。

結果として、更地になっただれもいらない土地が残りました。「厳密に計算すると、諸々の経費や交通費等が100~150万円はかかっているだろうから、200万円ほどの赤字になった」と言っています。

「親が亡くなったら家・土地・墓などをどうするかを、もっと早くから、みんなで話し合っておけばよかった」というのが反省のようです。

お坊さんの私としては、荒れ放題の家・土地や墓が放置されていることが多い昨今、赤字とはいえ「よくここまできちんと片付けができたなぁ」と思っています。

老夫婦が亡くなって、家の仏壇や家財道具はそのままで荒れ放題、墓もそのまま、畑も人の背丈くらいの草がボーボーとはえている光景をよく見かけます。片付けするのに多額の費用が発生する時代になりました。地元で暮らす老夫婦も都会で暮らす子供たちも、将来のことを考えて、よく相談して、元気なうちから少しずつ片付けをするよう心がけたいものです。

事例⑦　老後の資金計画をしっかりと

Ｆさんご夫婦は二人で長年うどん店を営んできましたが、ご主人が73歳の時、体力的な理由でお店をやめました。その後、ご主人はパーキンソン病を発症し、奥様のほうは転倒して骨折、認知症の症状も出てきました。

お二人は別々の施設に入居しました。施設に支払うお金は、一人あたり月に20万円弱、二人分で40万円弱です。１年で４８０万円、10年で４８００万円の計算になります。お二人は個人経営のうどん店でしたから、国民年金です。貯えもそんなに多くないようです。別々に暮らしている娘さん二人は、相談して店舗兼住宅を売却しました。ご主人は２０２１年に亡くなりました。

その時にお聞きした話ですが、奥様は施設に入居して16年になるそうです。預貯金が底をつき、二人の娘さんが毎月5～6万円ずつ負担しているそうです。年金が少ないにもかかわらず、施設入居が長くなってしまう場合、お金が足りなくなって子供さんが負担している例は少なくありません。

老後の資金計画はしっかりしていくことが大切です。数年前に老後資金2000万円問題が話題になりましたが、2000万円では足りない時代になってきています。ご自身やパートナーの年金の金額も考慮して、ファイナンシャルプランナーなどに相談し、資金計画を立てることをお勧めします。

どっちが先に逝く？

瑞田　神津先生が91歳、メイコさんが88歳。どちらが先に逝くかわかりませんけれども、どちらが先に逝ったらいいと思いますか？

だいたい女の人がよく言うのは、「私が先に逝ったら、うちの主人はご飯も作れないし、靴下が一体どこにあるのかもわからないし、ハンカチをどこの引出しに入れてあるのかもわからない。しようがないから旦那が先に逝って、私があとに残ったほうがいいかな」。

そう思いますか？

中村　私にはまず三人子供がいますね。子供たちは「お母さんが先のほうがいい」と言います。お母さんみたいに手のかかる人を置いていかれたらイヤだって。

瑞田　子供たちには「お母さん先に逝ってくれ」と言われるわけですか。善之助さんはスペインにいるから一年に一回くらいしか顔を合わさないとして、お二人のお嬢さんはしょっちゅう顔を合わせているのでしょうけれども、お父さんがあとに残ったら、ご飯作りから洗濯から困るでしょう。

中村　ひとりで自炊したりするのは、きっと私よりも上手だと思いますよ。

瑞田　それは骨折して１カ月入院して、それで訓練をされたわけですか？　ご飯を作って。90歳のおじいちゃんがＩＨのコンロの前に立って包丁を持って、キャベツを切ったりジャガイモの皮を剥《む》いたりしているというのも似合わない気がしますけれども。

中村　昔はそう思いましたけれどもね。いまはあちらのほうがお似合いです。トントントンとか聞こえて、「キャー、いい音たてて、いつの間に、こんなに上手になったの」って感じです。

瑞田　「メイコ、ご飯できたよ、おかずできたよ」とやるのですか。それはめちゃくちゃいいご主人じゃないですか。

中村　そうですよね。いままでの罪滅ぼしだと思います。

瑞田　今になって？　すごいな。だから、お嬢さんは、お二人がいっぺんに極楽浄土に行けないとすれば、お母さんが先に逝ってねと。

中村　そのほうが楽でしょうね、きっと。

瑞田　ご主人とは、どっちが先に逝ったほうがいい？　などと話したことはないのですか？

中村　あまりないですね、そういえば。

瑞田　ご主人、大腸がんになったときに、俺はこれでもう終わりかなとは思わなかったのですか？

中村　思わなかったのですかね。聞いていないです。

瑞田　今はもうがんは治る病気になりましたけど、昔の人だったら、がんと宣告されると、「これでもう命が終わるのか、あと半年か一年くらいで終わるのかな」というふうに思いますが、しょんぼりしていなかったですか？

中村　思いますよね。思ったのでしょうけれども、出さないですね。ふつう、旦那さんががんになったら、奥さんと子供に「こうだから」と言うのでしょうけれども、うちの場合は「まず女房には病名を言わないでください」と本人が言ったのですって。

瑞田　そうですか。ショックを受けたらいけないからメイコさんには言わないでくださいと。

中村　ショックも受けるし、おしゃべりだからみんなに言いふらすから。だから私に言ってくださいと。そして、子供たちはしっかりしていますから子供には告げてくださいと。

瑞田　そのことは、あとで聞いたのですか？

中村　子供たちに「お父さんの病名はなんなの？　なんなの？」と言ったら、「うん、ええっとね」ってみんなごまかすのですよ。

瑞田　それはお母さんがショックを受けたら困るから、なのでしょうね。お父さんとこれでお別れかと思って、涙が出てきたら困るからですね。いい配慮をしていたのですね。

中村　だからわが家で配慮があるのは、私を除いて全員なのです。思慮深い家族ですね。私だけがなんにもわからない。

瑞田　だけどそれでお家の中、神津ファミリーというのがうまく回っているのですよね。神津家は、男と女が反対のような感じがして、ご主人は奥さんに一生懸命に気を使ってくれている、というイメージで。だけど、それでうまく家の中がまわっている。よかったですね、吉行淳之介さんと結婚しなくて。

終活の三原則

瑞田　最後に、終活というのはするべきでしょうか？　しないほうがいいでしょうか？

中村　年を重ねるたびに愚痴を少なく。

瑞田　愚痴を少なく？　だけど年を重ねたら愚痴がいっぱい出てきますよ。私の母親も、いまでもぐちぐち言う。聞くほうが大変。

中村　要注意です。年を重ねて愚痴が多くなるというのは一番の要注意なのです。

瑞田　意識して、年を重ねると、ぐちぐち言わない。

中村　愚痴らない、後悔しない、ねだらない。

瑞田　三原則。そういうふうに思うわけですか？

中村　思います。

瑞田　それはお嬢さんにしてみたら、いいお母さんじゃないですか。愚痴を言わない、ねだらない、後悔しない、お母さんだったら。

中村　本当にそうだものね、私。

瑞田　カンナさんなんかは「うちのお母さんは抜群にいいお母さん」と。

中村　言ってくれませんね。

瑞田　だけども親子はいい関係ですものね。

中村　まあね、深刻な喧嘩をしたとか、絶縁とか、そういうことは一度もなかったです。

瑞田　それはやっぱりメイコさんが子供さんたちに目配りをしてちゃんとやっているから。

中村　ちゃんとやっていないですね。子供が私にやってくれたのです。

瑞田　お孫さんはかわいいでしょう？　やっぱりおじいちゃんやおばあちゃんから見ると、孫ほどかわいいものはない。

中村　かわいいですね。だけど甘くないおばあちゃんらしくて。「ばあばってこわいよね」って。

瑞田　それは次女の方も旦那さんもやっぱり同じ道の役者さんだから、役者さんに向けてつい「役者というのはこんなものよ」というふうになりがちなのではないですか？

中村　そうですかね。つまり上下の礼儀というと、すごく古臭いことみたいですけれども、やっぱり目上の方、年上の方に対する作法的なこととか、それはわりあいうるさいです。

瑞田　それは最近なくなりつつありますけれども、私も常識だと思いますよ。

やっぱり先を生きている人から学ぶことというのはいっぱいあるのですよ。教えてもらわないといけないことというのはいっぱいあって、あんなおじいちゃん、あんなおばあちゃんと思っていても教えてもらえることはいっぱいありますから。それはやっぱり尊敬して、敬って礼儀を正して、教えていただけることは教えていただくというようなお付き合いをするべきだと思います。

中村　それがなくなったら終わりですものね。

瑞田　そうですね。終わりですよ。それでは、今日のお話もこれで終わりにしましょうか。ありがとうございました。（了）

２０２２年6月20日取材

第2章

91歳老宗教学者、仏教界と僧侶にものを申す

～対談・山折哲雄先生　vs　瑞田信弘住職～

延命治療について

瑞田　めちゃくちゃお元気そうでびっくりしました。

山折　今日はちょっと気分がいいほうですから、からだの調子もいい。

瑞田　その日によって違うんですね。

山折　いろいろだね。

瑞田　そうですか。いまから二年前に肺が真っ白けになったのですか？

山折　いわゆる肺炎の重症化という診断で緊急入院した。

瑞田　息ができずに、咳が出るようになったのですか？

山折　逆流性食道炎という、昔からやっていて、知っているからね。そのすごいやつが起こった。

瑞田　胃液がグーッと上がってきて、もどすような感じ、口の中が酸っぱくなって、それでその胃液が胃のほうに戻らずに肺のほうに入って、一種の誤嚥《ごえん》性肺炎のような症状が出たのですか？

山折　そうです。それで高熱を発して呼吸困難に。

瑞田　そこで高熱を発したら、非常に強いステロ

イドのような薬で炎症を抑えるそうですが、それで真っ白けになっていたのですか？　片方の肺だけが。

山折　自宅でそういう症状が出て、かかりつけの先生に急きょ来ていただいた。

瑞田　往診していただいたのですか？　もう病院に行くのも大変なくらいだった？

山折　しかもコロナが発生した頃だから、お医者さんが玄関口まで来たけれど中へ入らない。

瑞田　なるほど。コロナを心配して、お互いにコロナになったら困ると思って。

山折　それは四方八方に広がるからね。結局その先生の診療所まで行って、ＣＴを撮って、それで重症化している状況がわかった。肺が半分やられているということがわかったわけです。

瑞田　片方は真っ白ではないのに片方は真っ白だった？

山折　それはあとからわかったのです。お医者さんはわかっている。それで緊急入院で、そのまま武田病院に入院したのです。

瑞田　武田病院といったら、この前、先生が頭をコチンとやってひっくり返って救急車で行った京都駅近くの病院ですか？

山折　そこの入り口の緊急治療室で、まずＰＣＲ検査をやって。陰性だったので、重症患者のための病室に緊急入院した。それが二年前の三月、あとから肺の写真を見たら真っ白。水がたまって膿《うみ》が出ていて。そこでその水を取ることから治療が始まって、次に抗生物質です。一カ月ほどやってあまり効果がなかった。そのころからだんだん呼吸が困難になってきて、肺炎。それで夜は寝られないという状態が続いた。

瑞田　息苦しくて寝られない？　お昼に起きて椅子に座っているときも息苦しいのですか？　寝ても息苦しい？

山折　食事くらいはなんとかできる程度ではあったけれども。それで一週間くらいして、今回こそ最期かなと思った。生き返ることはできないかもしれないと。そういう気分になった。

瑞田　私はぜんぜん知らなかった。そのあと電話で何回も話しましたけれども。

山折　その頃はちょうど朝日新聞に書いていたコラム『生老病死《しょうろうびょうし》』の連載中ですよ。私はそろそろやめたいと思ってはいたのだけれども、三年目に入っていたところでした、それが三月。

瑞田　連載と病気とが重なったわけですね。

山折　そういう状況だから、半分生き返る可能性があったとしても、続ける状況ではないとわかって、これで最後だなと思って、そのことを申しでて、最後の原稿を送ったわけです。まだ治療を続けてはいましたけれどね。

瑞田　そういえば連載では、そういった書き方をしていましたね。

山折　一番最後は、生きているか半分死んでいるかわからないような状況の中で、それでも最後に言いたいことは書いておこうと思っていた。死についてどう考えて、最後はこういうことをしてほしいということを書いておこうと思っていた。日本の医学会と仏教界に対する気持ちを率直に述べたわけです。それが最後。それは読んでくれた？

瑞田　読みました。その連載をまとめて単行本の『生老病死』になったわけですね。連載の中にも「これが最後の原稿です」という感じの書き方をしていましたから。編集者がその断りをちょっと書いていましたね。だけども最後でなくてよかったです。最後だったら今日会えていなかったです。

山折　そこは悪運が強いというかね。驚いたね。「断末魔　三途の川を　渡りかね」だね。

瑞田　驚きましたか。日経新聞に書いていましたけれども、「俺はもともと断食で死にたいと思っていたから、最後になったらもう飯を食わさないでくれ」と主治医に言ったら「それはダメだ」と言われたと。それがダメだったら、ちょっと意識レベルをどんどん下げて、「意識レベルが下がった時点でころっと逝くようにしてくれ」と言ったら、それも「いかん」と言われたと。ということは、主治医は治る、治そうと思っているわけです。だから意識レベルを下げるとか、断食でそのままあの世に逝ったらいいとは思っていなかった。

山折　腹の底では思っているかもしれない。けれどもそれは口に出さない。非常に柔軟な考え方の主治医であったし、それで「最期の段階では延命治療をなさいますか?」と聞いてきた。

瑞田　聞いてきたのですか?

山折　それは一般的にはそういう対応をすることになっているようです。「それは一切お断りする。家内も覚悟はしているから延命治療は辞退いたします」と。しばらくして最後の手段として、回復の状況があまりよくなかったものだから、「手術の可能性は一つあります」と言ってくれました。

瑞田　手術をするのですか?　手術をして肺の後ろから開けて、たまっている水と膿を外科的に取ってしまうということですか?

山折　よくわからないけれど、そういうことと関連するかもしれませんね。そのためには別の専門医に来てもらって。

瑞田　外科ですものね。

山折　それで「共同で手当てをするという道は残されています」と。一晩考えて、これもお断りした。そのなかで、実は自分はかねて人生を終わらせるときは、できれば断食というかたちで自然死の方向へもっていきたいと。だから五穀断《ごこくだ》ち、水断ちをすれば逝ける。仏教の伝統のなかではそういうケースがたくさんあるわけですね。そのことをここ半世紀以上、私は言い続け書き続けてきているわけです。

瑞田　私も聞きました。昔の人は病気で死ぬのではなく、寿命で死ぬという考え方があって。ご飯が食べられなくなって、もう寿命がきたからそこで死んでいくのだと。病院とか薬がない時代というのは、ご飯が食べられなくなったらそれであとは枯れていくのです。草木が枯れていくような死に方。これが日常的な日本人の死の一つのイメージですよね。

山折　そういうことはあまり詳しくは話せなかったけれども、一種の自然死ですよ。これには長い伝統があるということを言ってですね。ところが実際にいま自分が経験していることは、そんな簡単に自然死ができる状況ではないと。実際は呼吸困難のなかにいるわけですから。

瑞田　酸素吸入や人工呼吸器はしたのですか？

山折　そこまではしていない。

瑞田　そうしたらその一歩手前ですね。本人は苦しいかもわからないけれども。

山折　それは最初からお断りしているわけだからね。その代わりに私が言ったことは、現代医療においては緩和医療ということ。緩和ケア。

その緩和医療の最後の段階で、セデーションという、鎮静の状態にして、最後に一滴盛るわけですよ。その一滴がモルヒネ。これは医療の現場では、いろいろなお医者さんたちが現実にやっていることなんですね。それは表に出せない。それは安楽死につながるから、一滴であっても。死にゆく人をセデーション、つまり鎮静という状態において緩和医療を施す、ということについて、医学会は本当はどう考えているのだろうかと前から気になっていたのです。自分は断食という自然死のかたちと、それとともに苦痛を軽減するという意味でのセデーション方式を組み合わせる治療法がいい、と考えるようになっていたわけです。

瑞田　一種の安楽死ですよ。

山折　そうそう。だから言葉としては治療法とは言わないわけなんでしょうね。

瑞田　治療は治療かもしれないけれども、裏返したら安楽死。楽に死んでくださいねと。

山折　医師としての本来の役目を放棄しないという考え方が前提としてあるから。

瑞田　お医者さんには命を救うという使命がある。安楽死はお医者さんからみれば、その使命を放棄すること、というわけです。

山折　だからそれを患者との対話のなかで明言することは絶対にしない。それがわかればやっぱり違法行為になるわけですからね。それは現代の医学のかたちとしてもできかねる、と言われたわけです。

瑞田　だから「できません」と言ったわけですか、なるほど。

山折　だから、これが最後の文章になるかもしれないと思っていたから、そのことをやんわりと書いたのです。つまり自然死の逝き方と現代医学が到達した緩和医療の最後の手段をうまく統合すること。そういう第三の実例を考えてくれないかなと、そういう提言なのです、あれは。

瑞田　一番最後の最後のやつですね。

山折　最後の文章のつもりでした。だからそれについては多くの人が反応してくれたし、共感する人もかなりいることはいたけれども、しかし表向きは反対なわけです。

瑞田　それは法律がありますからね。

山折　しかもそれは仏教界も反対なんですよ。それから法律家、これは国会議員も含めてほとんどぜんぶ反対。第四の反対団体が、障がい者団体。四つの組織に反対されたらこれはもう実現しようがない。

しかし、この超高齢化社会を迎えて、そういう段階で今とどまっているべきであろうかという、逆の問題が出てきたわけです。これはやっぱり世の中に訴えていかなければならないことだと。
本当は仏教界が先頭に立ってやるべきだと、実は私は、腹のなかで思っているわけです。それにぜんぜん手をつけないのが現在の仏教界ではないかと、そういう怒りもあります。だからこれは最後なのだと。これは遺言みたいなものだと。

瑞田　一緒にがんばっていきましょう。
仏教界はそういうことに対しては触れたくないのですよ、たぶん。仏教界というのは、各宗派の本山は、そういうことには触れたくない。賛成でも反対でもないけれども、立場としてはどちらかというと反対の立場。それはいま法律があるから、法律に反することは、いくらなんでも賛成はできないという立場だと思いますよ。

山折　そのことは書かなかったけれども、これまでの社会的情勢では、それもわからないわけではないですがね。八十代まではいいだろうと。九十を超えたらね、勝手に考え、勝手に死なせてよと、そういう気持ちもあるわけですよ。

安楽死について

瑞田　この前、国から「あなたはもう死んでくださいよ」という映画ができました。「あなたはまだ生きたい？　それなら生きたらいいです」「あなたは何もしていないし、何もすることがないし、病気もいっぱいもっているから、これ以上あなたが生きていたら税金がいっぱいかかるから死んだらいいですよ」というタイプの映画です。それに対してずいぶん賛否があったのです。映画の設定は、いまから何十年か先の近未来の世界でした。八十歳か八十五歳の老人が、自分はこれからどうするのか、生きるのか死ぬのかを自分で選択して宣言をしないといけない。それに対して国が「わかりました。あなたはもう死にたいのですね」と認可する映画で、ちょっとした反響があったのです。

そういえば橋田寿賀子さんは安楽死でした。「もう治らない病気になったら、医学ではもう治らないことがわかっていたら、安楽に死なせてもらって何がいけないのか」と言っています。

山折　最後は法律の壁にぶつかって、その後はもう何も言わなくなったのですね。

瑞田　そうそう。NHKスペシャルで、スイスに行って、ベッドに横たわっている人に向かってアナウンサーが「あなたはここに何しに来ましたか？」と聞いたら、「死にに来ました」という映像が流れたことがありました。けっこう衝撃的で、ずいぶんと話題になりましたけれども……。

もう治らない人の命をどうするのか。それは先生がおっしゃっているような、九十になったらいいだろうという話と、もう治らない、というのはちょっと違う気がしますが、どうですか？

だから七十とか七十五の人が病気になったら治してもらったらいい。五％とか三％の可能性しかなくても、治す努力をしたらいいと思うけれども、九十歳になった人は二％や三％の可能性なら、もういいだろうと。それは尊厳死ですか？

山折　それはもう尊厳死や安楽死などと言っている状況ではないのですよ、九十を過ぎると。それに認知症というものがどんどんと増えてきているわけです。私だっていつ認知症が発症するかわからない。もう発症しているかもわからない。

それはそれとしても、死に向かってグレーゾーンがものすごく広がってきているわけです。生きているのか死んでいるのか。半分生きて半分死んでいるのか。あるいは無意識状態なのか。そういう人がどんどんと増えてきているわけでしょう。そうなったら本人の意思確認なんてできるわけがないのです。そうなった場合に、結局、ものが朽ちて滅びていくように誰も目の届かないところで死んでいくのだなと。

瑞田　先生は今回、重症の肺炎になったときにお医者さんと話をすることができたし、たとえば、「断食死をさせてくれ」とか、「意識レベルを下げさせてくれ」とか、いわば先生自身が「これはもう終わりかな」と思われた時点で、一種の緩和ケアはしながらでも、それで上手に飛行機が着陸するようにスーッと着陸させてくれてもいいな、と思ったでのしょう。しかし、現実問題としては、一般的にいったら八十五歳を超えると、おおよそ半分以上の人が若干認知症になっているのです。本人の意思を聞いてみても的確な返事ができない人が多い。

山折　そうでしょう。私の場合は症状が好転して、抗生物質の効果もあって……。

瑞田　たぶん何度も抗生物質を変えたのだと思います。抗生物質の種類は多いのですが、この薬は効かない、この薬も効かない、じゃあこっちにしてみようか、と先生に対して医師は努力をなさったのだろうと思いますよ。

山折　お医者さんも非常に手厚い治療をしてくださったし、人柄もとてもいい人でした。その努力が実って少しずつ好転し始めてきた。これは大丈夫ですよ、という段階が一週間後くらいにきたのです。

それから二、三週間くらい入院していたわけですが、そのころから考え始めたことがあるのです。この問題を考えるには、死に対する考え方の根本のところを考え直さないといけないと。

日本人の死生観はいったいなんだったのか。これからの「死生観」、これからの超高齢社会における死生観はどうあらねばならないのか、という問題に集中するようになりました。その結果、出てきた問題の中心は、いままでの近代医学の考え方では、人の死というのは、心臓死、脳死などの「点でとらえる死」だったと。生と死の分かれ目をきちんと点でとらえる。そういう考え方が基本でしょう？

「心臓死」から「老病死」へ——死の再定義

瑞田　どのお医者さんでも死亡診断書には「何時何分死亡、瞳孔確認」とか。

山折　だから、そこが非常に重要になってくるわけです。

瑞田　警察の検死書にも「何時何分に死亡確認」とか。だけども人間というのは、私はお坊さんをやっていて、だれかが亡くなりましたと聞いたら行って亡くなった人の枕もとで、枕経《まくらぎょう》というお経をあげるのです。その翌日にお通夜に行ったら、亡くなったけれども男の人は髭《ひげ》が生えているのです。現実問題、「何月何日何時何分に死にました」という死んだ時間が法律上でいるのかいらないのかわからないけれども、人間というのはたとえば心臓が止まったにしても瞳孔が動かなくなったにしても、動いている細胞はまだあるのです。

よく言われるのは、耳は聞こえていると。最後にシーンとした真っ暗な新月のような世界で。物音がしない、温度も何もないシーンとした世界で。だけども耳は聞こえていると言われているということは、「いま死にました」とお医者さんが宣言したら、「死んだ時」というふうに判断して線を引くのが、ほんとうの人間の死ではないような気がします。

山折　だからそのことを基礎に、一体これからの社会における死はどういう死であるのか、ということを集中的に根本的に哲学的に考えるようになって、退院までできました。そのときに私が考えたことは、ああ、われわれの死というのは、心臓死、脳死のような点でとらえるような死ではない。実際はプロセス。病気になり、年を取り、細胞が老化していって、最後は徐々に死に近づいていく、そういう死だ。これは「老病死」とでも名付けるほかないような死ではないのか。

これは新しい死の形式です。「心臓死」に対して「老病死」。それが生老病死《しょうろうびょうし》という考え方の基礎になる死生観。こういう結論に達したのです。そういう時代にすでに入っている。「死」の再定義をすべき時代に入っているということです。

瑞田　ところで、先生は国立歴史民俗博物館の教授もなさっていたでしょう。あのときにフィールドワークはされたのですか？　お釈迦様がこう言ったとか、弘法大師がこう言ったとか、この宗教の教義はこうですよとか。

宗教の教義があってもなくても、古来、人は生まれては死んでいって、生まれて死んで、ずっと繰り返しているわけじゃないですか。だから人間は、おじいちゃんが死んでいくのを、おばあちゃんが死んでいくのを、ぜんぶ見ているじゃないですか。これは老病死、老いている、老いがきているのではなくて、死に向かっているな、というのは、みんなが知っていて。

たとえば地域によっては「姨捨山《うばすてやま》」という伝説があります。もう用がなくて、飯ばかり食う年寄りは、息子が背負って山の中に連れて行って、そこに置いてくる。いいかどうかは別として、日本人の死生観というのは、お医者さんや法律家が言うような、「何月何日何時何分に死にました」という「点の死」ではなくて、本来は「面の死」だった。昭和二十年か三十年くらいまでは。

薬やお医者さんが万能の時代になってから、現在のように「点の死」になったのかもしれませんが、ついこの前までは、「ああ、もういかんな、うちのおじいちゃんはもう終わりだな」というのをみんなが意識していた時代がありました。

山折　そこだよね。死が近いと思って準備をする気分になっている。ところが近代になって西欧医学がそのような感覚に待ったをかけた。備える態度に水を差してきた。

一番のベースには二千年、あるいはそれ以上の伝統があるのです。殯《もがり》という考え方があって、死んでも死と扱わない。地上に、しばらくのあいだ安置しておく。何年もそのままの状態にして、やがて白骨化して、それでもまだ死と認めない場合もあった。

瑞田　河瀬直美さんの「殯の森」ですね。

山折　殯の考え方が二千年ものあいだずっと日本人、日本列島人の心の底に流れ続けてきた。時々それがポカッポカッといろいろなときに応じて出てくる。天皇が亡くなったときとかに殯状態に置くという事例が残り続けてきた。最近では昭和天皇が半ば文明化されたかたちで殯状態にされていたわけですから。医学的な処置によって……。

そういうことを考えると、おっしゃるとおり生理的に死の兆候を見せても、社会的にはまだ死んでいないという、死に対しての二重の考え方が一番のベースにある。それがやっぱり、人間の死というものを単に生と死の二元的な世界に還元するのではなく、プロセスとして考える、そういう考え方の基礎です。

これを非常にはっきりとしたかたちで、文書としても考古学的な遺産としても残している国として、世界の中で日本は非常に珍しいのです。だから、人間の生と死はひと続きの線上に置き換えてみる、そういうプロセスの死だといえるわけです。

瑞田　いまだったらなにか、うちわをひっくり返すように、こっちは生きていて、こっちは死んだ、みたいなイメージが死生観としてあるような気がします。それはやっぱりなんとかしたいですよね。

山折　変化が起きてきたのが、私は戦国時代だろうと思うのです。武士の時代になって殺し合いが日常化していた。そのころの日本人の生と死に対する考え方を象徴的に示すものが、信長の死だとよく言われる。彼は最期に、「人間五十年　下天のうちをくらぶれば夢まぼろしの如くなり」――この言葉を残して自害している。

当時、人間の平均寿命はだいたい四十歳から五十歳。人間五十年。調べてみると江戸時代の後期の平均寿命も四十から五十ほどです。第二次世界大戦後、敗戦後の日本の社会でも、昭和三十年代くらいまでは、これもだいたい五十です。その後、二、三十年のあいだに急激に平均寿命が延びるわけです。

ところがその人生五十年時代に、われわれの先祖たちは、死と生の関係を言葉としてどうとらえるかと考えていくと、死生観という言葉が生まれていた。この死生観という言葉は日本語にしかない。ヨーロッパ各国の言葉にはない。死生観という三字の熟語として生と死の関係をとらえた言葉、日本独特の表現として、「死生観」という。しかもこれは、生に先立って死が出てくる。もちろん「生死」という言い方がないわけではなかったけれども、圧倒的に日本では……。

瑞田　死生観でしょうね。生死観とは言わないですものね。

山折　ですから、生きることとは死ぬことをそのまま受け止めることで、死ぬことは生きること。こういう考え方です。相変わらず生と死の二元論ではあるけれども、寿命を五十年の範囲内で、人間の人生というものをとらえていたということがわかるわけです。そうすると生イコール死ならば、生まれてから五十年、死に向かって生きているわけです。それが信長以降ですから。ところがあっというまに八十、九十。いまは百歳になろうとしている。

瑞田　昭和四十年くらいからですよ。だからよく言われるのは、昭和三十九年の東京オリンピックからカラーテレビが普及し、万博があって、新幹線が走って、経済大国になっていく。それとともに医学がきわめて進歩しましたが、死生観で言えば死に対する恐怖は大きくなって、「死にたくない」となった。

現代の医学は、根本的に治療するというよりも、「死なせない」医学になっている気がします。治療する医学ではなくて、命を長引かせる医学が高齢者の医学の中心になってきて、死というものをあとにあとに延ばしていこうと。そのために、たとえば、ご飯を食べられなくなれば、点滴で栄養を入れるとか、胃ろうをするとか、人工呼吸をしようとか、技術的に死を先に延ばす医療がずいぶん発達してきた。

一方の患者さんのほうでは、家族にしても本人にしても、死に対する恐怖というものがずいぶんある。その恐怖も延命治療につながっているかもしれません。人工呼吸器で生き続けていたり、ご飯が食べられなくなって点滴でずっと生き続けたり、そういう人がいまたくさんいるじゃないですか。

山折　人生五十年時代、「生きていることが死ぬこと」と、そのまま受け取っていた時代では、まず死に対する不安感とか恐怖感というのがそれほど強烈ではありませんでした。だいたい五十年生きたらそろそろ死ぬ覚悟ができかかり、諦めかけている。人間の力ではどうしようもないと思いかけている。

瑞田　六歳になったら小学校に入学して、十五歳になったら中学校を卒業して、二十二歳になったら大学を卒業して、というように、みんなが同じように歩んできて、自分が結婚して子供ができて、たとえば五十になって、孫ができてという感じになって、次は俺が死ぬ番かと。俺の番やなと。同級生の彼も死んだし、彼女も死んだし、そろそろ私の番だな、という悟りがありましたよね。

山折　それが平均寿命が八十、九十になると、生と死のあいだに「老」と「病」の領域がどんどんと広がっていった。生と死のあいだがどんどんと分断されていく。あちらのほうに死が遠ざけられていく。それがやっぱり不安感とか恐怖感というものをさらに大きくする重要な原因です。背景には現代医学の進歩があった。

瑞田　それは医学の責任、仏教界の責任もあるかもわかりません。

山折　仏教界の説得では追いつかないな、医学の進歩はね。

瑞田　ぜんぜん追いつかないでしょう。

宗教者の役割について

瑞田　医学というのは、どちらかというと科学技術に基づいていて、仏教界というのは一種の宗教学とか倫理学とか哲学の範囲の話ですから。命を長引かせる医学が発達してしまって、それにわれわれ一般の人たちも乗ってしまったのですよ。

それが幸せなことなのだろうかと考えたら、橋田寿賀子さんみたいに「もういかんのならば、尊厳死ではなくて、安楽に逝かせてくれてもいいのではないか。どうせ治らないのだから、さっさと逝かせてくれてもいいのではないか？」という考え方があってもいいと。これはわかるような気がします。

山折 そのとおりです。だからむしろ医学がいくら進歩しても、治療法がいろいろと開発されたとしても、やはり老《お》い、病《やま》いという問題は、いわば死を内在したかたちで、むしろどんどんふくらんでいく。そのことを宗教者の方が説くべきであったと思いますね。

瑞田 その事実を言われると、我々に責任があるんだと、ずいぶんと感じます。

山折 老いと病いの段階にその人たちの不安と恐怖をどう慰め、どう和らげるか、というのが宗教の本来の道にならないといけなかったのです。

瑞田　昭和二十年や三十年くらい、今から四十年よりも前の時代というのは、五十歳くらいになって一回か二回大きな病気をすると、「もう俺は終わりだな」と思った。だから老・病・死の「病」が少なかった。だから老いていって病気になったらすぐにコロッと死がきたわけです。ところがいまは老いて、たとえばがんになったけれど、がんを切除して助かりました。その次、脳梗塞になりましたが、点滴を打って治りました。ちょっと麻痺が残りましたけれども、なんとか生きております。また次に大きな病気になりました。また手術をしました、生きていますと。

老病死の老と病のボリュームが増えた。だから、そこが大変な時代になってきた。たとえば、六十五歳で病気になって、その後も、何回も大きな病気になって入退院を繰り返して生きている。だから決心がつかなくなった。「もう死んでもいいわ」とは思わなくなった。もう私は最後だなという覚悟がつかなくなった。

昭和三十年くらいというのは病院も入院設備もあまりないし、『となりのトトロ』の時代ですよ。自転車に乗って近所のお医者さんが往診に来てくれて、「もう終わりですね」

と言われたら「ああ、そうだな」とみんなが思っていたのです。でも、いまは「なんとかならないか」「命こそ大事ではないか」というようになってしまった。
それはお坊さんの責任もあるわけでしょうね?

山折　もちろんそうです。

瑞田　これに対して個人個人のお坊さんが抵抗しろというのは、なかなかむずかしい。

山折　それはお坊さんたち、宗教だけの問題、医療だけの問題ではなくて、さまざまな分野の専門家が考えて、社会化して共有していく。そういうことがない限りはいつまでたってもお医者さんは生の領域、仏教者は死んでから後《のち》の領域という、二元論で終わって、共有化の問題は一番に消えてしまう。

瑞田　病気になって死に向かっていったら、病気になった時点から死んでしまったあと、殯の状態のときまで一連の流れじゃないですか。一連の流れがなくなって、軍配をひっくり返すみたいに、いままで生きていて、ここから死にました、という感覚になっていますからね。

山折　伝統的に言えば、仏教に限らないのだけれども、「生老病死《しょうろうびょうし》」という言葉があるじゃないですか。これは一つひとつが区切られた生老病死ではないわけです。流れとしての生老病死という死生観であり人間観であるわけです。なぜそこから素朴に出発しないのか。それをやっていれば今日の仏教の危機はもう少し緩和されたり、回避されただろうと思います。これはおそらく仏教がキリスト教に一歩遅れている部分だと思いますね。

緩和ケアにしても、ホスピスケアにしても、キリスト教がかなり先行して、仏教がいっこうにその世界に入っていけないでいる。それはやっぱり生と死の分断の問題があるからです。職業別というのもありますね。そこからなかなか自由になれない。本当に体質を変えるなら、コロナやウクライナ戦争のような世界的な事件が起こっている今こそがチャンスなわけですよ。これ以上のチャンスはないだろうと思います。

瑞田　よくわかります。お坊さんの責任と言われたら、たしかにそうなのですよ。キリスト教では、「死んでからが私の仕事だ」とは思っていないのです。キリスト教の牧師さんたちは、生きている人、いま死に向かっている人を対象に働いているのです。苦しいでしょう、寂しいでしょう、と人生そのものが対象になっているわけです。だけども仏教界では、宗派を越えて、本願寺だけではなくて、真言宗でも天台宗でも日蓮宗でも、私のような末端のお坊さんの意識も、本山の意識にしてみても、宗教だからいかに苦をとっていくのか、生きている人の幸せのために尽くすのかが抜け落ちています。

生きていくのは苦です。その苦の原因はなんですか。私の煩悩ですよ。では煩悩をなくしたら気持ちがずいぶん楽になるでしょう。そういうことを悟りというのです。では信者さんもみんな悟りをめざしましょうよと。これは生きている人が対象の話なのです。仏教というのは本来、そこを教えるべきなのです。

だけどもお坊さんが仕事としていただけるのは、つまり稼げるのは、だれかが亡くなって葬式をするとか法事に行ってお経を読むとかで、お布施をいただくときなわけで、それを優先した構造ができてしまったのです。ここ五十年で軍配を返したときからあとの、人が死んでからがお坊さんの仕事だという意識になってしまった。先生が言うとおりで、仏教者の責任はきわめて大きい。お寺も本山も変わらないといけない。

お医者さんが、死にそうな人に人工呼吸器をつけたら死ななくて済む。腎臓が悪い人に人工透析といって、血液を体から引っ張り出して体の外で腎臓の仕事をさせて、きれいになった血液をもう一度身体のなかに流していけば長生きできる。これはきわめてテクニカルな話であって、人間が死んでいくときに、どう死んでいって、どういうふうな死生観を持ってもらえば本人も家族もみんな楽なのか、苦がないのか、ということとは別の話。

もっと言えば、お医者さんも言葉は悪いけれども、上手に死なせてくれるお医者さん、これもひとつのテクニックです。「うちは整形外科で、腰が痛い人を上手に診て治します」「うちは心臓病が上手です」「うちは脳梗塞が上手です」などと言う医者はいるだろうけれども、「高齢者さんどうぞいらっしゃい、うちは上手に死なせてあげますよ」「上手に死へと着陸させてあげますよ」というお医者さんはまずいません。人生の終わりに際して、「老・病・死」を面として考えて、「どうぞうちに来てください、最後は上手に死なせてあげますよ」

というお医者さんが今後出現してもいいような気がしています。

それに伴って、老・病・死がひと続きになっているというみんなの意識ができれば、それはずいぶんいい死生観だと思う。お釈迦さんが言ったとおりのことだと思います。


山折　国が定めたことでもあるのだが、私が九十になる前の、七十五歳から後期高齢者、それでいろいろな法律が定められ、最後の医療の方針も定まっている。ところが実際には後期高齢者の規定だけではダメだと、じつは思ってきた。なぜならその次の段階に末期高齢者がある。そしてその次に臨終期高齢者、この三期高齢者の段階を考えることのほうが大事だと。

この三期高齢者の問題を私は提言したのですよ、四、五年前に。しかし、ほとんど社会的には話題にされなかった。特に仏教界から何かあるかと思ったらぜんぜんなくて、相変わらず。ところが、九十になってハッと思ったことが二つある。

最近心境の変化があって。一つは、いつのまにか自分の考え方が過激になっていた。

瑞田　過激になるの？　年がいけばいくほど丸くなるのではないのですか？

山折　いやいや、過激になる。今日はずいぶん過激になっているでしょう？

瑞田　過激なことを言ってほしいですよ。

山折　あなたの本に私は過激な帯を書いているでしょう。

瑞田　そうそう、これ。本山から総スカンをくったわけですよ。西本願寺派の役職から私の携帯に電話がありましたよ。「ほどほどにしてくれ」と。

山折　大きな反響があったのですね。

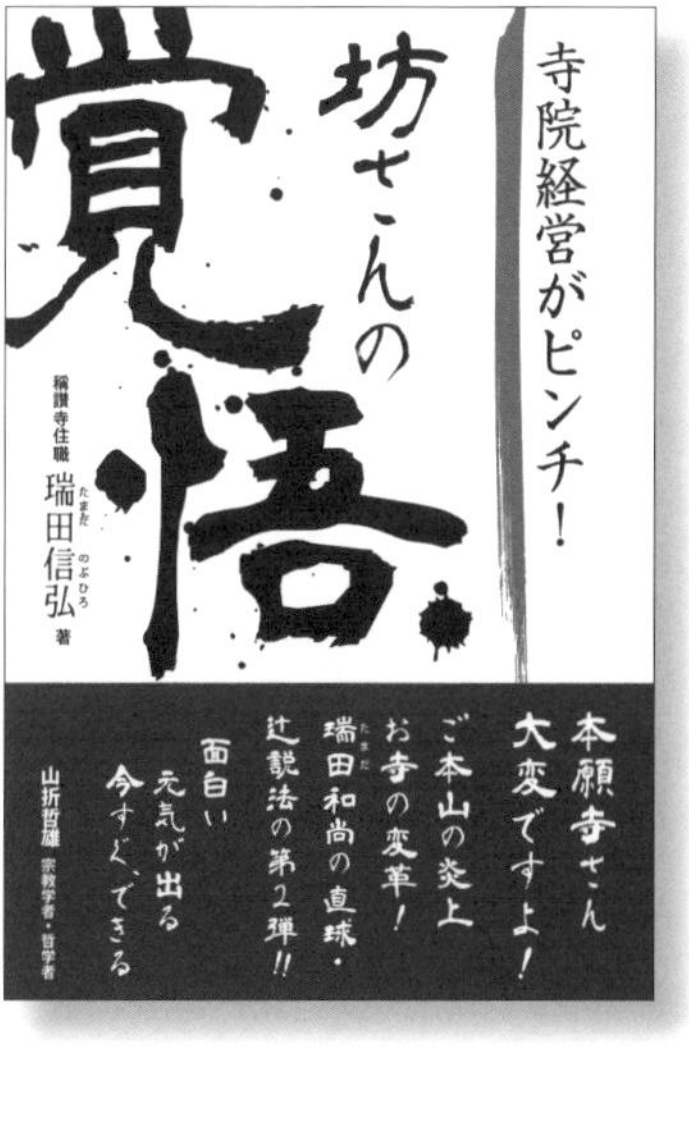
寺院経営がピンチ！
坊さんの覚悟
稱讃寺住職
瑞田《たまだ》信弘《のぶひろ》著
本願寺さん大変ですよ！
ご本山の炎上
お寺の変革！
瑞田《たまだ》和尚の直球・辻説法の第2弾!!
面白い
元気が出る
今すぐ、できる
山折哲雄　宗教学者・哲学者

瑞田　「役職から電話があってびっくりしたわ」と知り合いに言ったら、「お前のところに役職から電話があったのか。すごいな」と言われた。だから逆に言えば、役職も読んでいるのだなと。役職が読んだあとでほかの人に向いて「ちょっとこれ読んでみろ」と読ませたのだろうかと。

山折　大反響があったのだね。そこはよくできた本になっていたから。
一つは、今いった過激になるということ。そして二つ目というのは、ものの考え方がその日、その日でどんどん変わっていく。昨日と今日でも変わる。午前と午後でも変わる。

瑞田　それは、だけど変わってもいいと思いますが。

山折　ものの考え方や感じ方がこれほど変化するのか、ということを日々実感するようになっていった。夕方になるとなんとなく寂しくなる。お浄土も近くなったなと心にもないことを思っていた。ところが、翌朝になって燦燦《さんさん》と太陽が照りつけてくると、「ああ、今日は何をやろうかな」となるわけです。

瑞田　それは私でも同じですよ。夕方の六時や七時になると「もう仕事したくないな」と思って、原稿に追われていても「まあ、面倒くさいわ」とか思うけども、一晩寝て、朝ちょっと早く目が覚めて五時くらいになると「ちょっとがんばらないといかんな」という気になりますよ。

山折　これはやっぱり誰にも共通のことのようだ。なにも超高齢者だけの話ではない。

瑞田　ないのです。だから同じ二十四時間のうちでも自分の気分が落ち込んでいるときには、相手のことに対して「もうどっちでもいい」という感じになりますし、気分がグーッと盛り上がってきたときには「やっぱりそれはいかんな、いかんと言わないといけない」と思うようになります。

山折　そうですね。それにもう一つ、超高齢を迎えてつくづく感じたことは、こういうことです。親鸞さんだって、道元さんだって、日蓮さんだって、若いときと、青年のとき、壮年のときと、とくに晩年になってから、何を考えているかというと、どんどん変わっているということ。

瑞田　そうそう、言っていることが変わっている。

山折　この問題ですよ。いまわれわれが考えなければならないのは。若い学生諸君には、若い頃の親鸞、青春時代の道元、これを勉強するのは大変大事なことです。それが年を重ねるごとに、あるいは病気や老いを経験するごとに、どんどん人間が変わっていく。それは彼らの文章に表れています。それを読み取るような努力が必要です。読み方を変えたり深めたりしないとダメですよ。

瑞田　それをしていないのですよ。どこの本山もしていない。それを言うと教義上ややこしいから。

山折　そんなものふっとばせばいいわけです。ここが過激なところです。

瑞田　そのとおりなのです。それを言いはじめると教義として一つの体系が成り立たなくなるから。若い頃にはこういうふうに言っていたけれども、死ぬ前にはこういうふうに言った、となると、ころころ言うことが変わるではないか、ということになる。たとえば浄土真宗で言えば、親鸞聖人はそのとき、そのときで思ったことを言っているということになると、カリスマ性がなくなっていく。

山折　けれども、やはりそこを見逃してはいけないのです。

瑞田　だけども見ないふりをするのが普通なのですよ。

山折　普通はいけないということを言っているのですよ。だから親鸞さんが『教行信証《きょうぎょうしんしょう》』という大変な書物を書いた。あれは大きな金字塔ともいえるような仕事であると思うけれども、要するにあれは青年期における親鸞の博士論文のようなものだと私は思ってきた。これは私の考え方だけども。

瑞田　五十歳くらいですからね。

山折　ああいう考え方を五十歳ごろからズーッと七十、八十、九十まで持ち続けていたのだろうか？　そんなことはあり得ない話です。

瑞田　『教行信証』は茨城県の稲田で書き始めて、三年から五年くらいで書き終わった。あとでちょっと加筆はあるけれども、それでいったん終わっているのですよ。晩年に京都へ帰ってきてからは、和讃ばかり作っていましたから、『教行信証』は開いていない。

山折　その議論ばかりの博士論文の段階から和讃の「うた」の世界にうつっていくわけですから。七五調の和歌の世界にね。最後の最後の段階でもっとも単純で簡明な言葉に集約されていった。それが法語のなかに出てくる『自然法爾《じねんほうに》』だった。最後の九十近くの親鸞さんが『教行信証』のなかの議論をしているとはとうてい考えられない。『自然法爾』、ありのままの姿でお書きになっている。あの境地ですね。

瑞田　これで最後には「私が死んだら鴨川に放り投げてくれたらいいのや」と。

山折　葬式もいらなければお墓もいらないと。

瑞田　それは二五〇〇年前にお釈迦様が亡くなるときも、「どうしましょうか」と阿難《あなん》が聞いたら「私の葬式のことなんて考えなくてもよい。あなたの使命はなんだ。やることがいっぱいあるのではないか。私が死んだことなんて頭に入れないでちゃんと自分の使命をやりとげなさい」と言ったこととまったく一緒じゃないですか。

山折　そういうことを芯《しん》から内省する必要があると思う。これは仏教の世界だけではないですよ。シェークスピアにしたってカントにしたってヘーゲルにしたって、人間の世界すべてに共通している問題。

瑞田　そこの部分は仏教がきちんと顧みて、先頭に立たないといけない。みんながついてくるかどうかはわからないけれども、それは同じ人間であっても、道元さんであっても日蓮さんであっても親鸞さんであっても空海さんであっても、思考は年とともに変わるものだから。年は経なくても、同じ三十五歳であってもひょっとしたら変わっているかもわからない。いろいろと変わっていくということを認めたうえでの議論があって、なおかつすべての人間は同じひとつのことを言うのではなくて。これが諸行無常・諸法無我の世界でしょう。

山折　最後は無常という問題にいくと思います。

瑞田　そうですね。それが仏教の基本だから。そのへんの議論は、この世の仏教者というか念仏者が先頭に立って議論をしていかないといけない。ノーベル賞をもらった偉い人も総理大臣であっても、だれであっても言うことは変わっていって普通なのですよ、と言わないといけない。だけどもそれを言うと、結局は「親鸞聖人という人はどうしたのだろう、言うことがころころと変わっているではないか」という話になってしまいます。

教祖の一種のカリスマ性が揺らいでしまいますから、わかっていてもそれを言ってこなかった。和讃にしても、たとえば六十歳くらいの頃に書いた和讃と、八十歳くらいの頃に書いた和讃というのは明らかに違っている。それもよくわかる。最初の頃の『高僧和讃』とかは、どちらかというと『教行信証』の中から抜き出したような感じで、龍樹大師《りゅうじゅだいし》は立派だとか、曇鸞大師《どんらんだいし》はどうだ、とかの和讃もいっぱい入っていたけれども。だんだんあとになってくると、人生観を書くような和讃が増えてくる。

「そこのところはちゃんと変わりました」ということを認めたうえで、「人生、人間、ぜんぶ無常観があるのです、これが死生観なのです」ということを仏教界が言っていかないといけない。それは山折先生が大谷光淳《おおたにこうじゅん》さんに言ってください。私はそんな大それたことは何も言えないから。

山折　ダメだな。こんな当たり前のことを認められないんじゃ。

瑞田　そう言っているから、私も先生も本願寺から喜ばれない存在になっている。異端児のような感じ。

山折　要は、それをなんとかしないといけないということか、それとも諦めの境地か。

瑞田　なんとかしないといけない。私はまだ七十歳前ですから。それはなんとかしないといけないとまだ思っています。

十年経っても、おそらく、私はぜんぜん変わっていないでしょう。変わっていないのはわかっていても、今なんとかしないといけないなと思います。

山折　問題はそっちのほうですね。私が言っているのは、超高齢になると過激になる。それから世の中すべてのことが変化する、自分を含めて。これは非常に重要な課題です。

瑞田　自分も変化しているけれども社会も変化しているのです。だからまわりも変わっている、自分も変わっている。変わったことを認めないのですよ、教養というのは。

山折　歴史的に意義がちゃんと認められればいい。すべてのものは歴史的に集約されて、残るなら残る。それに任せればいいわけです。

超高齢

いいたい放題

最後っ屁

和尚の終活アドバイス

相続とは

親が亡くなったとき、問題となるのが財産の相続です。ここで、相続についてみていくことにしましょう。

「相続」とは、ある人が死亡した時、その人の財産（すべての権利や義務）を特定の人が引き継ぐことを言います。簡単にいうと、亡くなった人の財産を配偶者や子供に引き渡すことです。財産を受け取る人を「相続人」といいます。民法で相続人として定められているのは、亡くなった人の配偶者と、子か親か兄弟姉妹等で、これを法定相続人といいます。配偶者はつねに相続人になりますが、血族相続人には優先順位があります。上位の相続人がいれば、その順位より下位の人は相続人にはなりません。

法的に有効な遺言書を残しておくことで、自分の希望にそって財産を継承してもらうことができます。また、法定相続人でない人に財産を継承してもらう場合にも、遺言書は有効です。遺言書があれば、遺言書が優先されますが、ない場合は遺産分割協議で相続人全員が合意をしなくてはなりません。その場合は法定相続も参考になります。

いずれにしても、だれが相続人なのかということや、あなたの財産がどれくらいあるかということを確認し、相続の希望をまとめておくことをお勧めします。また、相続税が発生するかどうかを勘案し、節税対策をするのであれば、元気なうちから計画的に実施することが肝要です。

「遺産」となる財産

・現金や預貯金
・株式などの有価証券
・車、貴金属などの動産
・土地、建物などの不動産
・借入金等の債務
・賃借権、特許権、著作権などの権利

相続の方法

次の二つの方法があります。

・故人の遺言によって内容を決める相続
・相続人全員が協議して遺産の分割方法を決める相続（相続人全員の署名と実印の押印が必要です）
※遺言書がある場合は、原則として遺言書にそって相続します。

相続放棄について
・故人の遺産が、プラスの財産よりも、借金・滞納税金などマイナスの財産の方が多い。
・相続争いに巻き込まれたくない。
・故人とは疎遠であったので関わりたくない。

以上のような理由、またはその他の理由で相続放棄ができます。相続放棄とは、故人の残した財産や借金を引き継ぐ権利のある相続人が、財産や借金を「相続しません」と宣言することです。相続放棄をするには、相続開始を知った日から3カ月以内に家庭裁判所に申述します。

遺留分について

亡くなった方は、自身の財産の行方を遺言で自由に定めることができますが、遺族の生活を保障するために、一定の制約が設けられています。これが遺留分《いりゅうぶん》の制度です。遺留分の権利を有する人は、遺言の内容にかかわらず、一定の財産を受け取ることができます。権利があるのは、配偶者、子（代襲相続人も含む）、直系尊属（故人の父母、祖父母）で、兄弟姉妹は含まれません。

例

・配偶者のみが相続人の場合
法定相続は全部ですが、遺留分は1／2です。
（遺言がなかった場合には配偶者が全財産を相続します。かりに別人に全財産を引き渡す旨の遺言があったとしても、請求をすれば、配偶者が1／2を受け取ることができます）

・配偶者と子一人が相続人の場合

法定相続は配偶者1／2、子1／2ですが、遺留分はその半分の配偶者1／4、子1／4となります。

遺言書によって自身の財産の分配を決める場合、法定相続人の遺留分をあらかじめ考慮しておくことが肝要です。

遺留分に反した遺言書も無効ではありません。遺留分の権利を有する相続人から遺留分減殺請求が出なければ、その遺言書にしたがって財産は分配されます。ただし、遺留分減殺請求が出れば、請求通りにしなければなりません。

遺言書について

自筆証書遺言と公正証書遺言があります。

・自筆証書遺言について

自筆証書遺言とは、遺言者本人が自書して作成する遺言書です。住所・氏名・年月日・認印が必要です。

手軽に作成できて、費用がかからないというメリットがあります。法務局に預けることもでき（遺言書保管制度）、その場合は検認は不要です。他方、トラブルになりやすく、紛失したり発見されなかったりするリスクがあります。隠蔽・変造・破棄されるリスクもあります。法務局に預けない場合は家庭裁判所の検認が必要です。法務局の遺言書保管制度を利用することで、リスクを回避することができます。

・公正証書遺言について

公正証書遺言とは、公証役場の公証人に作成を依頼する遺言書です。財産目録と財産の配分の希望を伝えて、遺言書を作成してもらいます。遺留分の知識など、高い専門性を有する公証人が本人の意向を確認しながら作成する遺言書ですので、確実性が高い形式です。争いになりにくい、紛失・隠蔽・改ざんなどのリスクがない、検認が不要などのメリットがあります。数万円の費用がかかる、手間がかかるなどのデメリットがあります。

確実性を担保するために、公正証書遺言をしておくことをお勧めします。自筆証書遺言の場合は法務局の遺言書保管制度を利用することをお勧めします。遺言書保管制度の内容については関知しませんが、専用の用紙がありますので、お近くの法務局にお問い合わせください。

相続税の納付ラインについて

一般的に、相続税は、課税資産額（相続財産―債務・葬儀費用など）が、基礎控除（3000万円＋600万円×法定相続人の人数）を超えると納税しなければなりません。

相続税の節税対策について

・生前贈与の非課税枠を利用して、生前贈与で相続財産を減らす。
・生命保険金等の非課税枠を利用する。
・子や孫に生命保険をかける。
・小規模宅地等の特例を利用する。
・婚姻20年以上のおしどり夫婦の贈与の特例を利用する。
・教育資金贈与信託制度を利用する。……などなど
※税理士に相談することをお勧めします。

近年の相続税法の改正点について

・配偶者居住権……居住用住宅の居住権を相続できるようになりました。
・介護などをした親族（相続人でない）が、相続人に金銭を請求できるようになりました。
・遺産分割協議が成立する前であっても、相続人が一つの金融機関から150万円まで引き出せるようになりました。

※制度は頻繁に変わっています。専門家にお問い合わせください。

相続に関しての注意点

ご自身の死亡後、相続が「争族」にならないように、細心の注意が必要です。昭和のころは長男が親の老後の面倒を見て、死後はほとんどすべてを相続し、墓・仏壇などの祭祀も継承してきましたが、近ごろは権利意識が強くなったためか、相続のトラブルが頻発するようになりました。

まず、相続人がだれかを確認しておきましょう。離婚・再婚の経験がある方は注意が必要です。連れ子の場合は養子縁組をしているか否かで大きく変わります。

次に、ご自身の財産目録を作成しておきましょう。不動産は、役所から届く固定資産税の請求書を見るとあらかたの評価額はわかります。

そして、その財産を相続人にどう配分したいか？　考えをまとめるようにしてください。遺言書は何回書いても大丈夫です。日付が最も新しいものが有効です。

高齢になると、認知症が進行したり、脳血管障害などで判断力が低下するリスクがあります。ご自分の相続について、何らかの意向・希望がある方は早めに対応しておくことが肝要です。

なお、銀行口座は、年金が振り込まれる口座に各種引き落としをまとめて一本化するとお金の動きがわかりやすく、家計の見直しにも役立ちます。

次に、親族と絶縁状態の場合、離婚した場合の相続についての事例を紹介します。

事例⑧　長男と絶縁状態での相続問題

Aさん夫婦には、息子さんと娘さんが一人ずついました。娘さんは結婚して男の子と女の子をもうけましたが、のちに離婚して、二人の子を育てました。娘さんの子二人（A

さんの孫）が首都圏への大学に進学することになり、娘さんも首都圏へ移住して教育公務員として働きました。女のお孫さんは大学卒業後、中学校教師になり、男のお孫さんは大企業のサラリーマンになりました。

一方息子さんは、首都圏でサラリーマンとして働いていましたが、北海道出身の女性と恋仲になり、結婚を親に相談しました。しかし、Aさん夫婦は反対します。とくに父親のAさんが断固反対していたようです。私は反対の理由は知りません。結婚に反対されたためか、息子さんは両親と絶縁状態になってしまって、およそ25年ほど顔を合わせませんでした。娘さんが細々と携帯電話で連絡をとっていたようです。

最近、Aさんが85歳で亡くなりました。息子さんは55歳で、葬儀のため地元に帰ってきて喪主を務め、葬儀を済ませました。葬儀代金も息子さんが支払ったそうです。

しかし、四十九日の法要には息子さんは姿を見せず、娘さんとその子供（孫）と地元の親戚で済ませました。地元の自宅は母親一人になりました。

相続の手続きをしようと、母親は息子さんに「遺産相続協議書」を送り、実印を押印して、印鑑証明とともに返送するように依頼したのですが、音沙汰がありません。娘さんを通じて連絡を取ると「相続関係書類には絶対に押印しない」との返事だったようです。理由はわかりません。

相続人が押印しないと相続手続きができません。母親側に私が紹介した弁護士が付くと、息子さん側も弁護士を付けて、調停手続きが始まりました。しかし、結局裁判になったそうです。最終的に相続手続きが終わるまで4年かかったと聞きました。結果として、息子さんは母親や娘さんとも以前よりさらに不仲になってしまい、今は音信不通状態のようです。

弁護士のアドバイスもあり、不動産は娘さん名義にし、母親名義の銀行口座にはできるだけ残高を残さないようにして、母親が亡くなった時の相続で、息子さんが押印しなくても困らないようにしているとのことです。

親子での意見の対立はいろいろあると思いますが、相続手続きに影響するほどの決定的な対立は避けるべきだと、私は思います。

事例⑨　離婚と相続

Hさん夫婦は後期高齢者になったばかりです。私が講師の終活セミナーに夫婦二人で参加していただきました。

私はそのとき相続の話をしました。「一回目の結婚の子供も、二回目の結婚の今の子供も、どちらも相続人にあたります。本人が亡くなれば、すべての子供の署名と実印の捺印と印鑑証明をそろえて遺産相続協議書を提出しないと、預貯金や不動産の相続手続きができません」との説明をしました。

家に帰ったご主人は、奥様に打ち明けました。今の奥様と結婚する前に、結婚はしていなかったが、別の女性と関係があり、女の子がいるということを……家族はビックリ仰天で大騒ぎ。お寺に電話があり、何回もお話をお聞きしました。法律上は、配偶者とすべての子供が相続人になるので、たとえ結婚前に生まれた子供であっても、署名と実印の捺印と印鑑証明書がなければ相続は前へ進まないこと、一人でも相続人の同意が得られなければ、遺産相続協議書は作成できないことなどを説明しました。

ご主人は「50年以上も連絡を取っていないので居場所もわからないし、同意が得られる保証はない」と渋りましたが、一般的には、弁護士や司法書士に依頼して連絡先を探し、同意をお願いするようにしていることを話しました。また、ご主人が亡くなってから他の相続人が連絡するのではなく、ご主人が元気なうちに連絡を取って、万が一の時の同意を依頼するか、場合によっては相続放棄をお願いするようにしたらどうか？　と、説得しました。

ご主人は気が進まないようで、「他の方法はないか?」と聞いてこられます。相続財産は居住用の不動産と、1000万円ほどの預貯金とのことです。

私は次のように提案しました。居住用の不動産は結婚20年以上の、いわゆる「おしどり夫婦」の場合、パートナーに譲渡(名義変更)しても贈与税が免除される特典があること、ただし、若干の不動産収得税と司法書士への手数料が必要になること。ご主人の預貯金口座を年金が入ってくる口座一つにまとめて、預貯金を贈与したとみなされないように、何回かに分けて奥様や今の子供さんの口座へ移し、ご主人の口座にはほとんど残金が残らないようにすれば、万が一の時に相続手続きが進まなくても、実損はご主人の口座の残金だけで済むこと。ご主人は「この方法がいい」とのことで、司法書士を紹介して手続きをやっています。ご夫婦はお二人ともお元気です。

近頃は、結婚・離婚を繰り返す方も増えました。離婚をする時は、遠い将来の相続問題にも目を向ける必要があります。私は、若い子供のいる夫婦が離婚する場合、相続放棄・遺留分放棄の確認書を取り交わしておくように推奨しています。

事例⑩　泥沼の相続問題

地方銀行のエリート社員だったＪさん。男・女の二人の子供がいます。それぞれ結婚して二人ずつ孫もいます。息子さんは転勤族で海外赴任もあったようですが、今は東京で暮らしています。娘さんの家族は地元にいます。Ｊさんが現役で銀行の支店長をやっているころに奥様はがんで亡くなりました。52歳か53歳だったと思います。

Ｊさんは60歳で退職し退職金を受け取りましたが、その後取締役になり、70歳で再度退職金をもらって銀行を辞めました。奥様が亡くなって7～8年後に再婚をしました。年齢はひと回りほど若いように見えます。後妻さんもご主人と死別していて二人の子供がおり、それぞれ結婚しています。再婚した理由は、掃除・洗濯・食事の準備などの家事をやってもらうことと、本人の老後の介護をしてもらうためだ、と言っていました。

私が「家政婦さんのようなことをお願いするために再婚するのであれば、相手の方にお礼が必要かもね!!」と言ったところ、賃貸しているマンションがあるので、それをさしあげることにしている、と言っていました。

そのＪさんが88歳で亡くなりました。葬儀後、「すべての財産は後妻にわたす」との自筆証書遺言が出てきました。後妻さんの方は、遺言書があることを弁護士をとおして二人の子供に通知してきたようです。筆跡はどうもＪさんらしい、とのことでした。

激怒したのは地元にいる娘さんです。「上の孫の結婚のお祝い金、下の孫の大学の入学金を出してやるからな!!」「東京のほうの孫には、高松に帰ってくるのなら、このマンションやってもいいぞ!!」と言っていたのに……。娘さんのほうも弁護士を付け、子供二人で原告となって民事訴訟を起こしました。

①遺言書はＪさんがヨレヨレになっている時に、Ｊさんの意思に反して無理やり書かせたものだ。

②後妻さんはＪさんと結婚した当時は賃貸マンションをもらうことで納得していたはずだ。

③Ｊさんの財産を調べてみると数百万円しかない。60歳と70歳の時にもらった退職金と、現職時の預貯金とをあわせて８０００万円強あると言っていたのに、その預貯金がなくなってしまっている。Ｊさんのお金を後妻さんや後妻さんの子供の口座に入れたに違いない。

④後妻さんはＪさんの財産が欲しくて再婚したようだ、とんでもない人だ……。

以上のような訴えですが、私は「遺留分を確定して、そのあとのプラスアルファは弁護士に頑張ってもらって、適当なところで訴訟上の和解をするのがいいと思いますよ」とアドバイスをしました。ところが、熱くなって怒りのおさまらない娘さんは、和解を拒否して訴訟しました。その結果、一審は原告の敗訴、いまは二審で争っています。葬儀からもうすぐ3年になりますが、娘さんの怒りの熱風はまったく冷めていません。どうなることでしょう。

遺言書を作成するにしても、事前に相続人どうしの話し合いがあってもいいような気がします。被相続人の相続財産がどのくらいあるのかを相続人に知ってもらっておくことも、トラブルを避けるためには大切です。

自筆証書遺言は遺言書自体の有効性が争いになることがあります。公正証書遺言をお勧めします。

死生観について

瑞田　話はちょっともとに戻りますけれども、先生は前から何回もおっしゃっていましたが、学生時代に十二指腸潰瘍になって、血がドバーッと……。いまは大きな病気でも十日か二十日くらいですぐに退院できますけれども、昔はいったん入院したら三十日間入院とか六十日間入院とかが当たり前でしたよね。学生時代に吐血されて寝込まれたときは、絶食された？

山折　絶食療法というのがあるからね。

瑞田　胃とか十二指腸とかの消化器を治すのだから、治している消化器に毎日毎日食べものがいっぱい入ってきたら、足の裏の治療をするのに歩いているのと同じで、治らないわ

けですから。だから消化管が悪いときには絶食する。点滴で栄養を入れながら口からは何も入れない。胃は働かさない。

そういう状態を若いころに経験して、飯を食べなくて死にそうな体験をなさったことが、さっき言っていた「死ぬときには絶食でいい」ということにつながっているのですか？

山折　自分の絶食療法の経験については、これまで何度も言っているのだけれども、絶食のあいだ、最初の三日くらいまではものすごく飢餓《きが》感が襲ってくるのです。ところが四日目か五日目くらいから飢餓感がスーッと引いていって、身心がいつのまにか快適な状態になったんですね。

瑞田　飢餓感というのは、腹が減った、飯が食いたい、なんか口にしたい、一杯やりたい、ビールを飲んだらおいしいだろうな、そういう飢餓ですか？

山折　もちろん食べたい、飲みたい、の飢餓です。肉体が心の動きと一緒になって、それを要求してくる。ところがその一時的な期間を越えると、細胞が入れ替わるとでもいうように、からだが非常に軽やかになって、視力や聴覚までが鋭くなっていく。

瑞田　飢餓状態の山を通り過ぎたら、今度は無の世界に入ってくる。道元さんの世界ではないですか。

山折　必ずしも無ではないけれども、私の場合はたしかに快適な身心状態にはなったのです。それで回復して退院した。ところが七十代になって、京都で胆のう全摘の手術を受けました。だから、胆のうは全部ない。そのときに外科のお医者さんがおっしゃるには「前の手術は見事な手術でした。ひとつも癒着がありませんでした」と。それでなんとなく「あのときの手術は大成功したのだな」と思ったわけです。しばらくして、「山折さん、あのときに胃袋を切っていたから、逆にいま健康を維持することができたのかもしれません」と言われた。というのは、いまの医学では胃潰瘍や十二指腸潰瘍くらいでは切らないで薬で治してしまう。すると前と同じような食事ができるようになる。その代わり肥満体になったり、いろいろな病気になる。

瑞田　高血圧になったり糖尿病になったり。

山折　そうそう。「だからかえって手術というのがあなたの今日の健康に役立っている」と、ビシャッと医者から言われた。

瑞田　それはそのとおりだと思いますね。

山折　そのときに感じたわけです。技術の進歩とはいったいなんぞやと。そうするとやっぱり仏教のなかでの断食の伝統というものが、長いあいだズーッと中国、日本と続いてきた。今日までつながってきたということが見えてきたわけです。この伝統というものをやっぱりいま再評価する時期に入っているんです。そういうなかで、源信のいう「臨終行儀」の問題が出てくる。源信が『往生要集』の中で論じている「死の作法」の問題です。そのころ比叡山で修行していた僧たちの多くは、自分の寿命が尽きた段階で、断食に入って最期を迎えている。完全な断食・断水の状態に入って、だいたい一週間ぐらいでこの世を終える。

瑞田　断食といっても、今日からもう何も食べないというのではなくて、徐々に段階的に減らしていくわけですね。これをやめて次はこれをやめてこれをやめて、というのだからきわめて現実的ではないですか。甘いものをやめてお酒もやめて、たばこもやめて何もやめて、というように段階的に次々とやめていく。

山折　つまり老病死なのです。心臓死でも脳死でもない。その老病死の伝統が、クライマックスに達したのが源信の時代になる。親鸞でも法然でもないわけです。

瑞田　『往生要集』ですね。

山折　そういう点では歴史をさかのぼるということも大事なのです。今は源信から法然へ、法然から親鸞へと、仏教的世界が高められていったという常識があるのですが、そんなことはないわけです。それをやっぱり超高齢社会における、ものを認識する基準にしていかなければならない。いま、そういう段階だと私は思っています。そのような認識が、たとえば今日の教団の指導者のなかにこれっぽっちもないとするならば絶望的、というか、まことに悲しいことです。今日の課題は、最後はそこにいってしまうのだけれども。

瑞田　そんなことは、いまの門主も、それから総長も龍谷大学の偉い先生方もだれも考えていない。源信さんがいて法然さんがいて親鸞さんがいて、浄土教を発展させた親鸞さんが一番すごい人だというふうに思っていて。源信のこの考え方は「取るに足りる」とはだれも思っていない。

山折　もう一つ、親鸞も最後はどんどん変わっていっただろうということについてなんだけれども、あまりその歴史的意味は感じられていないんだろうと。さっき認知症の問題が出たけれども、認知症を発症したら私はいつから食のコントロールを始めるかという自己決定ができなくなるわけですね。そうすると断食、自然死だけに頼っているわけにはいかなくなる……。

瑞田　だからこういうふうなかたちで死んでいきたい、自分の最期はこうしたいと認知症の方は思えないし、決定できないのだから、できない。だからもっと生きたいとか、早く死にたいとか、それも思わない。

山折　その問題をどうするかを、実はこの超高齢社会では考えておく必要がある。そのときに私が出会った先生が精神科医の長谷川和夫さんという方で、認知症研究のパイオニアなのです。その人の『認知症、ケアの心』という本を読んだところ、最後に、「認知症患者に対するケアの最大の重要点は何か」とあった。それは、患者を「ありのまま」「そのまま」に受けとめる、ということでした。ありのままに受け入れて介護していく。これが認知症患者のケアにとっての最後の重要なことだと。その書物のなかの一ページをとくに割いて、ご自分の筆で「ありのままに」と大きく書いていています。

それまで認知症患者は「痴呆症《ちほうしょう》」と言われていた。この長谷川和夫先生という方は、「痴呆」という言い方を改めて「認知症」という言い方に変えた方なのです。それから治療法の開発でも非常に先駆的な仕事をされていて、だいたい今日の認知症療法のなかには長谷川さんが開発した治療法が取り入れられています。そのご本人が数年前、九十近くなって認知症を発症された。それで講演会の席上で「自分は認知症になりました。それで社会的活動を終わりにいたします」と、引退を公表されてから、一年くらいで亡くなったのですね。

そのときに、アーッと思ったのです。それは、今日の認知症治療の最前線で活躍された方の言ったことが、親鸞のいう『自然法爾』の考え方、内容と同じだったから。『自然法爾』は親鸞聖人八十六歳の手紙で、最晩年に至った彼の究極的な境地であると私は思っています。

その「ありのままにみる」ということが、介護の世界ではおそらく一番むずかしい。しかし今は、その問題を重要な課題としてとらえ直さなければならない段階にきているのではないでしょうか。これも、仏教をはじめとする宗教世界がおおいに参考にしてもいい話ではないのかと思っています。

瑞田　そう思います。私のようなアウトローのお坊さんは先生の話には反応するけれども、本山の偉いさん方とか国会議員の話にはぜんぜん反応しないのです。

しかし認知症が出てきたというのは、いわば人間が長生きするから。いまは、手術して治して、手術して治して、管を入れて生き延ばして、ペースメーカーを入れて長引かせてと、自動車で言えばここの部品を変えて、ここを修理して、それでもこの車を動かして働かせてと修理を重ねているから、最後は認知症になっていくわけです。

昔からアルツハイマーはあったみたいですけれども、これだけ認知症は多くなかったので、いまのように社会問題にはならなかった。

いまは、たとえば六十五歳以上の人の五人に一人が認知症になって、七十五歳以上の人は三人に一人くらい認知症になって、というように認知症のパーセンテージがブワーッと上がってきている。これはもう社会的な問題です。おっしゃるように、自分の最期をどういうふうに仕舞ったらいいのか、自分のことなのに自分の判断ができなくなってくる。本人の意思を一番に優先します、とか言われても、本人は返事できないのです。これは矛盾している話です。

いま「ＡＣＰ（人生会議）」というのを厚生労働省がずいぶん推奨しています。どういうことかというと、病気になってコロッと死ねればいいのですが、なかなか死ねずに要介護１から３、４と、だんだんとひどくなっていくわけです。足が痛くなってちょっとしか歩けなくなったり、車いすで押してもらわないといけなくなったり、お風呂やトイレもついてもらわないといけないとか。もっとひどい人になるとご飯もアーンして食べさせてもらわないといけなくなってくるとか。それでも命がある人がいっぱいいるのです。そういう状態になっても、その人たちは介護をしてもらえば生活ができる。だれかに助けてもらうことが前提で生活ができるということなのです。

いままではお医者さんが「この病気だったら入院して」「手術して」「はい、退院です」と決めて、お医者さんに主導権があったのが、このごろは介護と医療と本人が「この病気で余命がこれくらいだったとしたらどうするか」を相談して、その相談のなかでもできれば本人の希望のとおりにしてあげましょう、ということになっています。これが人生会議です。

たとえば入院したら八時消灯です。欲しくなくても夕方四時半か五時になったらご飯が出てくる。テレビもなかなか見られない。ちょっと散歩に行くこともできない。山折先生のお話でいえば、八十歳や九十歳になっているから、もういつ逝ってもいい。本来この病気だったら家に帰って、なんなら日本酒の一杯でもちょっと飲んで、テレビも見てみんなと同じようにハッハッと笑って、ほがらかに一日が終わって。また明日点滴が必要ならば往診の先生が来て点滴をしてくれる。看護師さんが来て「状態はどうですか?」と聞いてくれる。

そういうふうにいろいろな最期の迎え方があるにもかかわらず、医療と介護と本人の希望をまとめてということを、いま厚生労働省からしきりに言われているのです。これは英語の「アドバンス・ケア・プランニング」を略して「ACP(人生会議)」といいます。

ACPを言うのはいいのですが、だけど現実問題、九十歳前後の認知症の人に「どうしますか?」と聞いても返事がない状態なのに「決めなさい」ということになっているのです。

社会がこうなっているからと後追いで制度を無理やり作っていくという感じがして。一生懸命、どうしたいのかということを考えましょう、と言っています。医療や介護の人は「A

ＣＰという制度ができて、いまはずいぶん高齢者のケアは進んできました」と言うのです。一面から見ればそうかもわからないけど、高齢者の年齢がどんどんと上がっていって、認知症の人がどんどん増えていけばいくほど、国が望むような相談はできなくなるわけです。「私はこうしたい」という意思表示ができる人は減ってきている現実があるにもかかわらず、国はＡＣＰを推奨しているのです。そのへんも先生がおっしゃったように、制度と実態がかみ合っていかない部分が出ているんだと思います。

山折　私はいま要支援１の段階です。

瑞田　要支援１でも２でも、支援は何もないようなものですよね。

山折　その支援の内容は、ヘルパーさんに一時間来てもらって部屋の掃除をしていただく。家内は要介護２かな。

それでケアマネさんが三人のヘルパーさんを手配してくださっている。掃除してくれたり買い物してくれたり料理をしてくれたり。そういうところからいろいろな情報を聞いているのです。包括医療センターというのがあって、これがいまあなたが言ったＡＣＰをやっている。その方が月に一回くらい来るのです。それでわれわれの生活状況を聞いていって対応策を考えて。我が家はいまのところなんの問題もないのですが、ヘルパーさんの話を聞いていると、実際にあなたがいまおっしゃったようなことが起こっている。

瑞田　起こっています。現実問題、たとえば子育ても、親が子供を育てるというのは第一義的な責任ではあるけれども、社会全体で子育てをしていきましょう、というのと同じように、高齢者の介護も、親が年を取っていったら子が親を支えるということが基本的な当たり前の話で、いままではそれができたけれども、それはちょっと難しくなってきたから。

山折　そこであなたがおっしゃったケアラーと医療関係者と家族とのＡＣＰがあるわけだけれども、これからは、そのほかに第四のメンバーとして宗教者が入るべきだろうと思いますね。

瑞田　お坊さんが入るのですね。それは入れてください。言ってくださいよ。先生、朝日新聞のコラムにでも書いてください。

山折　チャンスがあればね。もう、どこかに書いたこともあるのです。これには、仏教界はまず賛成の立場なわけですね。

瑞田　それに近い話として、島薗進《しまぞのすすむ》さんという宗教学者の方が、死生観に宗教者が一歩足を踏み込んでいくべきだということを常に言っています。

山折　彼は、以前上智大学のグリーフケア研究所の所長でしたね。あそこはやっぱりキリスト教的な考え方があるからね、その思想が入っている。ケアのことについても。

けれども仏教界がどれほどそれを受け止めるか、受け止めようとしているのか、というのはこれからの問題でしょう。これは広めていかないといけない。

瑞田　グリーフケアというのは「悲嘆の解消」ということですが、この人が死んだら、この人の子供や奥さん、まわりにいる人が悲嘆し苦しむから、それを解消してあげようということです。島薗さんは、東日本大震災があって多くの人が死んだときに、お坊さんはいったい何をしているのか、あちこちでお経をあげるだけなのか、これはお坊さんの本当の仕事かと。

そこで東北大学と島薗さんが取り組んで臨床宗教師というのができたのです。病気になってだんだん死に向かっていく人、けがをして苦しんでいる人、もちろん大震災があって家族を亡くした人、悲嘆に苦しんでいる人も含めて、宗教者というのは葬式でお経を読むだけではなく、もっと寄り添うべきだと。それが臨床宗教師です。龍谷大学の鍋島先生もやっていますね。

山折　あれは阪神淡路大震災のとき。一九九五年の段階でボランティア元年と言われていた。宗教者たちはいろいろな困難な場所に行って支援をしたわけです。それはボランティアとしてやっただけで宗教者としてやったわけではないということを、私はあのときに言ったのです。そのときに宗教界からは総スカンを食らって。その状況がいまだに変わっていない。本願寺も。ところがキリスト教の淀川病院なんてずっとやっているわけでしょう。

瑞田　島薗さんは東大を定年になって、上智大学に行って。上智大学はどちらかというとキリスト教の大学だから、比較的ピシッとしているのですよ。うまくいっているのです。

山折　そういう問題があって、その差がどんどんどんどん開いてきている。それもやっぱり危機的な反映のひとつですよ。

瑞田　先生と話をすると、全部お坊さんがんばれ、という話に聞こえます。

山折　このままいったらお寺はつぶれるから。その再生計画の一環として言っているわけです。

瑞田　このままいったらお寺がつぶれるというのはそのとおりなのですよ。そういう認識があるお坊さんは少ないのです。私は「寺院経営がピンチ！」という本を書いているのです。この本に対する批判はいっぱいあるけれども。お坊さんの現状にも批判はいっぱいあるのです。そういう批判をいま受けている途中なのです。

山折　そのかわり、ここをもう少し辛抱すると、称讃寺は日本を代表するお寺になる。

瑞田　ならないですよ（笑）。

どちらにしても、宗教の役割というのはそこがきわめて大きいです。さっき申し上げた介護と医療と本人の意思で、終末期医療をどうするかが問題です。治る見込みがない場合は、じゃあ治らないのだから今後はどうしますか？　そのなかで延命治療しますか？　しませんか？　人工透析しますか？　しませんか？　胃ろうをしますか？　しませんか？　ご飯が食べられなくなったらそれで終わりでいいですか？　それとも無理やり点滴をしますか？　どこでしますか？　お家にいたいですか？　家族に迷惑をかけたくなければ施設に入りますか？　病院と施設を行ったり来たりしますか？

などなど全部含めて、ケアマネージャーさんという人が一人ついて、お医者さんの意見を聞いて。この病気はこうすべきだ、介護できる人が家にいるか、家で点滴するのは大丈夫かどうかなど、いろいろなことを調整して、できるだけ本人の希望にそうようにまとめる、これはケアプランというのです。

本人がこれからずっと治療・介護をしていく計画を立てていって、どこで終わりにするかというようなプランを立てる。そこに宗教者が入ったらいいと思う。

ここが宗教者の大きな課題であるけれども、末端のお坊さんが百人いたら、それ本当だな、と思う人は一人か二人しかいないです。

山折　医者を説得する以外ないですね。医者を説得して、死ぬということは治らないということだから。人間は死ぬ運命にあるわけだから。だからこれは宗教者を入れてやらないといけない。

瑞田　今度、言ってみます。東大の会田薫子《あいたかおるこ》さんという先生とこのごろ仲良くなりました。人生会議という制度ができたけれど、これは万全な制度ではない。けれども、その制度を厚生労働省が言うだけではなくて、もっとわれわれ現場の人間が改良しながらいい制度にしていこうと、この先生は一生懸命やっている。島薗さんは東大で死生学の先生をずっとやってこられましたから、島薗さんと知り合ってその考えに同調している先生なのです。

葬式について

瑞田　話が変わりますが、先生は葬式はいらないのですか？

山折　いらない。

瑞田　葬式はしない。先生は、お坊さんの息子さんでしょう？　お寺のお坊さんだけども葬式はいらないのですか？

山折　お釈迦さんも親鸞さんも葬式はいらないと言った。

瑞田　いらんと言った。実は、私も同じなのです。私が死んだら葬式はしなくてもいいと息子と家内に言ったら、「それはないでしょう」と。

「お釈迦さんも親鸞聖人も私が死んだら葬式はいらないと言っていた。焼くだけでいい」と。私も同じ話ですよ。焼いて、だれかにお経をあげてもらったらいい。

山折　ただ、残された者が何をするかというのは、残された者の人権なのだから、そこまでは介入しないほうがいい。

瑞田　そうなんです。だから、私の意思として、私が死んだら葬式はいらないぞというくらいの話なのです。うちのおやじは葬式はいらないというふうに言って死んだけれども、それでも放っておけないといって葬式をするのか。それともおやじがいらないと言ったから焼くだけでいいわ、というふうな話になるか。

山折　そのときの状況で選択肢を残しておいたらいい。

瑞田　たとえばそのときに妻の介護状態がもっとひどくなっていれば、もういいか、というふうに思うかもわからないし。

山折　状況に応じたらいい。

瑞田　そうなのですよ。梅原猛《うめはらたけし》さんが死んだときは葬式したのですか？

山折　したのだろうと思う。

瑞田　行っていない？　河合隼雄《かわいはやお》さんは？

山折　河合さんも表ではしていなかった。おそらく家族葬だった。追悼の会は盛大にやりましたけどね。

瑞田　この前、亡くなった瀬戸内《せとうち》寂聴《じゃくちょう》さんは？

山折　大規模な葬式をした。最終的には帝国ホテルでやっていた。

瑞田　お別れ会でしょう？

山折　お葬式は京都の妙法院でやられたのですよ。私は出席できず、弔辞を送ったのだけれども。あとは京都新聞に追悼の文章は書かせてもらいました。

瑞田　親鸞聖人は鴨川に私の死体を放ってくれと言うし、お釈迦様は私の葬式なんかしなくていいと言うから、やっぱり先生も、遺書か何かに書いているのですか？

山折　ちゃんと書いた。私はそう書きました。「葬送の自由をすすめる会」の創立以来の会員でもあった。三十年前から……。

瑞田　それで、先生が死んだらお骨はとるのですか？　私は京都の山の上の火葬場に行ったことがあるのですが、京都はバケツくらいの大きさでびっくりしました。香川県は四寸とか五寸とかのお骨の壺なのですが……。

山折　全部のお骨を入れるのではないですか。

瑞田　地域性があるのですね。それをとって、お骨をすりつぶして粉々にしてパウダーにして。先ほど本願寺にお参りして来たのですよ。大きな銀杏《いちょう》の木があって、銀杏の木の根元にお骨を養分として、肥料としてまいてくれというふうに先生はおっしゃっていたでしょう。気が変わりましたか？

山折　樹木葬だね、それは。本願寺も前からそういうことを考えているわけですね。自治体でもやっています。

瑞田　やっています。いまでもそうなのですか？

山折　いや、それは私の場合は樹木葬だろうがなんだろうが、とにかく粉骨。粉にして適当にまいてくれたらいい。

瑞田　粉にして適当にまいてくれ、と奥さんに言っているわけですか。

山折　そうです。なかにはその骨がほしいという人もいるわけです。

瑞田　私ももらいに来てもいいですか、山折先生の骨。山折先生がもし亡くなったら三田君（※）がお経を読んで。（※三田真史氏　京都府・浄福寺の住職で京都新聞記者、山折先生と親しい）

「山折先生が亡くなったら連絡くださいね」と言っておいて、火葬場まで三田君と一緒に行ってお骨をちょっとひとかけらいただいてガラスのケースに入れて、これは山折先生のお骨ですというふうに阿弥陀さんの横に大事に置きます。

お釈迦さんが亡くなったとき、お骨がほしいといろいろな人が言ったわけですよ。だから仏舎利塔《ぶっしゃりとう》ができた。お釈迦さんが亡くなったら、火葬したあとの骨のかけらでもいいからちょっとくれないかというような。その当時は、部族というか種族というか、いろいろな人からそういう要望があって、ブワーッと押しかけていって、最後は骨がなくなって灰を拾って帰ったという。

お骨は先生のお弟子さんみんなに差し上げるわけですか？

山折　いやいや、それはあとに残った人間はそれぞれ事情があるからね。けど、あなたは私より後から逝くと決めているようだけれども、それは僕の方が後になるかもしれない、わかりませんよ…。そうそうこのあいだ骨をくれと言ってきた人がいました。手紙で「お骨をください」と言ってきた人がいたんだよ。「自分の家の庭に埋めて供養をしたい」と。これには参ったなと…。

瑞田　それはすごいじゃないですか。それは美空ひばりのファンクラブよりもすごいじゃないですか。

山折　ここだけの話だ。

瑞田　そうなのですか。それくらい山折先生のファンがいるのですか。そういう手紙を書いてくる人がいるのですか。

山折　「粉にして適当にまいてくれ」などと書くとね。これは日経新聞に書いたのかな。

瑞田　そうそう。日経新聞の一番裏のところ。

山折　あれを読んで、そういうことを書いてきたのだね。お骨を拝んでいたいと。皮肉だったのかもしれないね。

瑞田　影響力が大きいですね。

実は、この前、中村メイコさんのところに行って対談をしました。旦那さんとメイコさんのどっちが先に死ぬかわからないけれども、メイコさんが死んだときに、ちょっと分骨して神津家のお墓にも入れようかと言ったら、「来なくていい。あの世に行ってまでうるさくなると困るから、あの世は別々にいたほうがいい」というふうに旦那さんに言われた。だから、うちの旦那は宗教的な話かどうかはわからないけれども、あの世はあるのだなというふうに無意識に思っている。死んだら終わりというふうには思っていないのではないかと。あの世はあの世で次の第2ワークみたいなものがあるのではないかというようなことをおっしゃっていた。

先生はどうですか？　極楽浄土、浄土真宗でいえば、亡くなって阿弥陀さんにお願いして極楽往生する、まあ先生は有名な人ですから六道で地獄に落ちるということはないにしても。

山折　いや、あるよ。あるんだよ。だって、死生観もいわば立体化するというか、絵画化することができる。京都市でおこなわれるお盆の大文字《だいもんじ》の魂祭《たま》りなんかはそうだね。送り火が象徴的にそれを表しているからね。町場はこの世なのです。鴨川が三途の川なわけです。いま鴨川には橋が架かっているけれども、昔は橋が架かっていなかったから渡し守がいて、あそこを舟で渡していた。

瑞田　三途の川の向こう側とこっち側を。

山折　向こう側はあの世なわけです。あの世に大文字の文字がかがり火で浮かび上がるという趣向なわけです。だからあれは地獄・極楽観の一環ではなくて、この世・あの世観なのです。そしてこの世とあの世というのは、水平的な世界で地続きなところが重要です。ところがギリシャ・ローマの天国地獄、インドの須弥山《しゅみせん》説とか、これは垂直構造になっている。地獄というのは地の底なわけです。極楽ははるかかなたの天上界です。それと日本人のあの世観というのはぜんぜん違うわけです。

それはやっぱり「老病死」の人生の一環を象徴しているわけです、この世とあの世の関係は。分断されていない。垂直構造というのは天と地と地下を分断する世界観ですよ。日本列島人にとってのあの世というのは、そこが違うわけです。

瑞田　キリスト教だったら、昇天するみたいなね。

山折　そうそう、それとは本質的に違うわけです、「あの世」というのはね。そういう点では、日本人の神仏信仰あるいは先祖崇拝というのは一番の基礎になっている。だから神仏信仰と先祖崇拝を受け入れるか受け入れないかということが現代人の生き方の、あるいは死に対する考え方の根本を分けている。その二つが近代化以降は重層化している。垂直構造と水平構造が……。私の中にもそのようなイメージがあるし、価値観が残っています。

その重層化している日本人の人生観が今後どうなっていくか。たとえば、われわれの社会の伝統的な幸せとか価値観と、近代的な個人の幸せとか価値観がどうなるか、それと非常に深い関係がでてくるということです。そういうことを考えさせてくれる祭りを残している京都は珍しい。日本全国を見渡しても。

瑞田　いま祇園祭をやっていますものね。

山折　それから来月が大文字。

あの世とこの世について

瑞田　先生はＮＨＫで大文字を解説されていて、大文字に火がともると先生が一言二言うんちく話をされましたが、先生のあとに一年だけ養老孟司さんが代わりにやられました。だけど、養老さんは黙って何も言わなかったですよ。「私は宗教者ではないからね」とかなんとか言ってね。

山折　私は、あの世は東山三十六峰、北山や西山と同じように存在していると思っています。

瑞田　じゃあ、あの世があるということでいいじゃないですか。

山折　それは三途の川を渡るわけだから、そのときに六道のどこらへんに行くかということが決まるのだろうな、おそらく。知らんけれど……。

瑞田　だから地獄もあり得るというふうに思うわけですか。

山折　それは机上の地獄だから、わからんね。

瑞田　別にそれは地獄ではなくても修羅でも人間界でもかまわない話であって。六道というのは天上が上で地獄は下という話だけれども、段階的にね。それが横というのは？

山折　水平化している。このリアリズムが国民化したのは江戸時代で、米朝の『地獄八景《ばっけい》』という古典落語がある。あれがそうなわけです。一番にぎわっているのは三途の川を渡るときで、そのときにいろいろな人間が、ドロドロした欲望を抱えて、ゾロゾロ歩いていく。その光景が面白おかしく語られています。

瑞田　さっきの源信さんの『往生要集』の中でも地獄・極楽・六道の話というのが出てくるから。無意識的に江戸時代にその話をされたのかもわからないけれども、あの六道の考え方というのは源信さんくらいから。

山折　あれは比叡山です。だから比叡山はあの世なのです。

瑞田　そう。比叡山はあの世ですよ。

山折　それが江戸時代になって、寺子屋の教科書にはっきりと表れてくる。それが原典主義でインドへ戻ったり中国の古典に戻ったりすると、垂直構造になるのです。

瑞田　たしかにインドの六道というのはバラモン教に近くて、一種、死の交渉みたいな、階層制度みたいな、縦社会みたいなイメージがあります。下にいる人は上に行けないというようなものがありますよね。

山折　一種のタテ・ヨコの断絶観みたいな。それはヨーロッパ人の死の世界の影響をうけて、それと同じになってしまったから……。

瑞田　先生があの世の世界があるのだなと思われるのなら、この前の安倍元総理が亡くなって、麻生副総理が弔辞で「私も年だからそのうちに行くから、待っていてくれたらまた向こうの世界でにぎやかにやろう」と述べたと。それはそれで……。

山折　そう、それもあの世観です。

瑞田　みんなの前でそんな弔辞を読んだでしょう？　だからそれは本当にあの世観ですね。あの世があるというふうに思っているし、それを聞いた日本人が違和感を持たなくて。「麻生副総理ってあんなことを言っているわ」というふうには思わない。みんながそれを違和感なしに聞いたというのは、だいたいの日本人は死んだら終わりではなくて、あの世があるのだなと。そういうことですか？

それではどちらかというと死ぬということは、ある種、平面的に老病死で死んだけれども、死んだあとの世界はそのままずっと続いていっている、というふうに。

山折　だから地下鉄のような暗黒の世界に対して、日本人は本当は敏感ではないはずです。

それに反発するかのように地下へ地下へと行っているのが東京なわけです。東京は地獄の世界を承知の上で、それを受け入れているわけです。それに気がつかないでいると、いつのまにか大変なこころの壊滅状態になるぞと言っているわけなのだからね。

瑞田　それなら多かれ少なかれ先生が亡くなっても、私も行きますし。三田君に言って「ちょっと先生の骨をひとかけ取っておいてくださいね。私も行けるなら火葬場に一緒に行って収骨をします」ということを言って……。

山折　いぜんとして、自分は私よりも長生きすると思っているわけ？　そんなことまだわからない（笑）。

瑞田　それはわからないけれども（笑）、私も先のことはわからない。安倍元総理も亡くなったからわからない。

そういうことを言うから、これは死生観の話であって。鴨川のこっちとあっちがあって、鴨川が一種の三途の川で、ここを渡って向こうの世界に行くというようなことを言っているからですよ。

大谷光真《おおたにこうしん》さんとか大谷光淳《おおたにこうじゅん》さんの浄土真宗は、三途の川を渡るということを一切言っていない。

山折　極楽浄土に行くと言っている。しかしこれは、われわれの社会のリアリズムからすれば、だめです。

浄土真宗の智慧
釈尊から親鸞に学ぼう
瑞田信弘 著
「人ごとではありません　あなたです
初めがあって終りがある　今です
生きてよろこび　死んでよみ返る　今です
町の変わり者住職がもろ肌脱ぎ
草の根の地べた目線で自在に語る一冊です
NHK文化センターのレクチャーから飛び出した
今人気上昇中の物語！」　山折哲雄 宗教学者・哲学者

瑞田　だからこの本『浄土真宗の智慧』を書いたときに、山折先生が帯を書いてくださったけれども、ちょっとあれは無理があるよなと。西本願寺の教義、お釈迦さんが言ったことに続いて親鸞が言って、こういうふうな教義でこういうふうになって、浄土真宗の考え方にはこういうのがあるというふうに私は書いたつもりです。うちのご門徒さんも含めて浄土真宗ですといいながら、どんなものか知らないという人がいっぱいいるんです。

ＮＨＫカルチャーセンターでずっと話をしているのに、何回も話をしているのに、やっぱり同じ質問が出てくるから。だからみんなが持っている、全体が持っている死生観、亡くなった人へ対する追悼の意識、いまおっしゃったように「私は葬式をしなくてもいい」といっても、それでも死んでいく人間に対して葬式をしようとか、ちょっと追悼をして手を合わせようかという意識がある。本人がしなくてもいいと言えば、「そうか」という人もいれば、本人はしなくてもいいと言っているけれどもした方がいい、とか。

親鸞聖人が鴨川に放ってくれと言っても、結局、荼毘《だび》に付されてお骨になっているわけですよ。お墓ができているわけです。そういう死生観というか。浄土真宗の考え方は、死んだ瞬間にこの世から極楽に行くのです。だから、きわめて無理がある話でしょう。

山折　わかるかな。

瑞田　わかるけれども、それをあからさまに、三途の川を渡るという意識で言うと、浄土真宗の布教師や梯《かけはし》さんなんかも含めて、「山折先生がこんなことを言っているわ」とかいうような感じで、ちょっと違うなという感じになって。本来ガチガチの浄土真宗の学者ではないなと。

山折　だからあなたの考えというのは、中道なのです、一種の。二重底というのは中道なのです。それでいいのだよ。

三途の川
みんなで渡れば
こわくない

瑞田　だからそんなに簡単に浄土真宗がこういうふうに考えるというのは、理屈ばかりを追い続けていって、経典の教義ばかりを引っぱりだすとそういうふうにつながっていくのかもしれないけれども。人間の生き方、生きざま、幸せ観から何を目標にしていくか。どういうふうに死んでいくのか。死を見つめたら、いまの生き方が変わるのではないか。これは死生観も含めて。

浄土真宗のいうように簡単なことではないし、百人いたら百人とも死生観は違うし、幸福感というかやりがい観というか、人生観も違うし。みんな違うなかで、浄土真宗の人がいっぱいいおりながら、それをフワーッと傘にかけて、みんな浄土真宗はこちらを向いてくださいよと、一種の阿弥陀如来さん一仏です、というふうにいうのですよ。阿弥陀如来さんは一仏ですというとたしかにそうかもわからないけれども、それはキリスト教がイエス・キリスト一つなのだというような一神教に近くて。

だけども日本では、一軒の家に神棚があって仏壇があるように、観音様にお参りをしたい、阿弥陀さんにもお願いしたい、神様にも手を合わせたい、という心理があるわけですよ。それがあるにもかかわらず、本山がうちのほうに目を向けてくれというから、阿弥陀如来一仏なのです、という。このようにきわめて一神教的な考え方でことを進めても、なかなか現実問題とそれが遊離していて、遊離したままずっときていて、これが交わるところがないような気がしませんか?

山折　デモクラシー、民主主義という問題がいま揺らぎ始めている。前からそう思っていたのだけれども。プーチン大統領のロシアはもちろん、アメリカにおいてもヨーロッパにおいてもそうだね。どれがいったいデモクラシーの本流なのかというのが、意味をもたなくなるような世界情勢ですよ。

そういうときに考えないといけないのは、デモクラシーには一神教的なデモクラシーもあれば多神教的なデモクラシーもあると。従来の西洋的な古典的な民主主義というのは、どちらかというと一神教的な民主主義です。アジア、日本列島などの民主主義というのはどうしても多神教的なものになると。その民主主義の中身もヨーロッパ的な一神教的なモデルが一番で、他のものは亜流であるとか、あとから出てきたものであるとか、異端であるとかいう議論は、もうそうそう成り立たなくなってきている。

日本列島のデモクラシーとはいったい何か、それを支えている思想というのは何かと考えたときに、それはもう神仏信仰が基礎になっていると私は思うようになった。神仏共存の世界。これがやっぱり宗教、民族、国家、人間たちのあいだにある、ある種の平等感覚、それを担保する重要な考え方ではないか。ところがそれに対する日本の近代人の認識がなかなか届かない。とくに日本の現代の仏教というのは、ヨーロッパ近代の仏教理解をもとにして、それを大学で教えて学んでできあがったわけだからね。われわれの信仰意識に踏み込んだ、五臓六腑《ごぞうろっぷ》に染み込んだ価値観とは違うわけです。そのへんから気がつかないといけないような世の中になってきている。

瑞田　どちらかというと山折先生は日文研の教授になる前、千葉で歴史民俗博物館の教授をなさっていましたが、そのときは、結局、あれは宗教でいうと、と言いながらも民俗学に近いですね。

山折　柳田國男から学んだことが非常に大きいわけです。それがいまも必要だろうね。浄土真宗だって、全国どこでも、末端に至るまで、日本人の「宗教心」は柳田國男の先祖の話をベースにして成り立っているのだから。

瑞田　成り立っているのですよ。理屈を知らない人たち、教義を知らなくて理屈を知らない人たちが、生きること、年をとること、病気になること、最後に死んでいって次の世代に変わっていくことを、ずっと繰り返してきているわけです。そのなかで民俗学的に、たとえばみんなでお葬式をする、みんなで火葬をする、地域の墓地をつくって、地域の墓地で弔って、というようなことをやっているわけです。それを明治になって、西洋のキリスト教の布教の仕方を日本の本願寺の偉いさんたちが勉強してきた。しかし、現実と理屈が一体化しなくて遊離したままずっと、いまでも続いていて、大学の先生が教える授業というのはそんなことばかりでしょう?

山折　むしろ遠藤周作のような人の人生から学ぶべきなのですよ。遠藤周作はキリスト教徒かといわれると困るところがいくらでも出てくる。日本の宗教心ではあるけれども、仏教とキリスト教を総合したような、重ねたようなところがある。

瑞田　遠藤周作の言っているキリスト教は、キリストはここにいてくれるというような考え方です。私は四国に住んでいますが、四国の八十八か所参りの弘法大師と同行二人《どうぎょうににん》というのときわめて似ているのです。自分ひとりで杖をついてずっと八十八か所を歩いているときに、ここにずっと弘法大師が同行二人でいてくれているという考え方と、遠藤周作はイエス・キリストがここにいてくれるのだという考え方と、似ているような気がしませんか?

山折　そのとおり。だから、これは称讃寺さんに長生きしてほしい。どういうふうに考えが変わっていくか。変化していくか。それも楽しみだな。

瑞田　まあ、私も楽しみです。本来の仏教の役割、お坊さんの役割は葬式だけではない。具体的に言えば、ACPで医療と介護と本人とが相談するなかにちょっと宗教者も加わったらいいのではないか。結局、生き

ている人生をずっと線としてつなげていって、面としてつながった先に死があって、その次にあの世の世界があって、という話です。そういう意味ではお坊さんだけではなくて、宗教者の役割というのはもっと大きい。反省しなくてはいけないです。

山折　それはあなたがやるのです。

超高齢
生涯遁走
遊びをせんとや生れけん

（了）

２０２２年７月15日取材

おわりに

あるお医者さんがこうおっしゃっていました。

「仕事では毎日毎日、病気の人ばかりと接しています。こちらの方もよっぽど強い心を持っていないと、気分が滅入ってしまいます。元気になられた姿を見ると、本当に良かったなぁ、と思います」

また、ある弁護士さんはこうおっしゃっていました。

「仕事上の依頼者はみなトラブルを抱えていて、感情的になっている人ばかりとお話ししています。じっくりお話を聴いていくうちに、もつれてしまった心の糸が解かれてきます。事件が解決できれば、それが依頼者の方に〝良かったね〟と言える瞬間だと思います」

お医者さんも、担当している患者さんが元気にならない場合もあるでしょうし、亡くなってしまうこともあるかもしれません。弁護士さんも、依頼人が勝訴したり有利な条件で和解が成立することばかりではなく、時には敗訴したり、時には不利な条件でもしぶしぶ和解せざるを得ない場合もあると思います。

お坊さんの仕事である葬儀では、当人は亡くなってしまっているのですから、「本当に素晴らしい人生でしたね!!」と肩をたたいて差し上げることはできません。ただただ、ご遺族の方に寄り添い、悲嘆の解消（グリーフケア）になればと、お話を聴くことぐらいしかできません。

お坊さんの社会的な責任とは何でしょうか？　地域の人たちは、お寺やお坊さんに何を求めているのでしょうか？

基本的な仕事としては、葬儀や法事などの宗教儀式をきちんと執り行うこと。お坊さんの所属する宗派・宗門の教義を広く伝えること。お寺としては、お墓や納骨堂などの施設で遺骨をお預かりして守っていくこと、等々があります。

しかし、私は、お坊さんの責任として、みなさん方に「上手に生きて、上手に死のう」を実践してもらうことも、とても大切な仕事と考えています。私は浄土真宗本願寺派のお坊さんですが、親鸞や蓮如《れんにょ》がこのように考えた、と解説するのは学者の役目で、末端のお坊さんとしては、毎日毎日、一生懸命に日常生活を送っている方々に寄り添うことが大事なのではないでしょうか。物欲や誘惑といった煩悩に右往左往させられていたり、また、自己中心的な心から、欲望に溺れてしまっていたりと、仏教的に言うと「迷いの世界」で苦しんでいる人たちが、少しでも安心して心が軽くなるように、「そのままでいいですよ！」「あなたは一人ではないですよ！」と手を差し伸べるのがお坊さんの真の役目だとも考えたいと思っています。

これが、本来の宗教の姿、仏教の立ち位置だと思っています。

人生１００年時代と言われるようになりました。お坊さんの私の感覚としても、男性は80代後半から90代前半、女性は90代後半で亡くなるのが普通になってきたように思います。年間1、2名１００歳の方の葬儀をすることがあります。

60歳で定年、65歳で再雇用が終了。その後仕事をしても70歳前後で終わりです。65歳の高齢者になってから20年~30年の人生があります。「終わり良ければすべて良し」との言葉がありますが、人生の最終章をいかに大切に有意義に暮らしていくかによって、本人やまわりの家族の方の満足度も大きく変わってくると思います。それには人生観・宗教観・死生観等が大きく影響するとも思います。

この本では、女優の中村メイコさん、宗教学者・哲学者の山折哲雄先生とのお話をご紹介しました。何かの参考にでもなれば幸いに存じます。山折哲雄先生には、お坊さんは人の「老病死」にもっともっと関わりなさい、とアドバイスというか叱咤激励を頂きました。私も高齢者の仲間入りをしていますが、頑張ってみたいと思っております。

中村メイコさんと山折哲雄先生との対談をベースに「生き方・死に方」の切り口の本を書きたいと、アートヴィレッジの越智社長に相談したところ、気持ちよくお引き受けくださいました。東京での中村メイコさんとの対談、京都での山折哲雄先生との対談の際にも越智社長はじめスタッフの方々にご同行いただき録音係と写真係をして頂きました。録音の文字起こしから全体の構成に至るまで、大変なご尽力を頂きました。この場をお借りしまして感謝と御礼を申し上げます。

私の連絡先を記しておきます。ご意見、ご感想、ご批判、ご相談など何でもご連絡くださいませ。

2022年11月吉日
瑞田信弘

著者プロフィール

瑞田信弘（たまだのぶひろ）

浄土真宗本願寺派
瑞光山 浄土院 称讃寺《しょうさんじ》住職
1955年（昭和30年）香川県高松市香川町生まれ。
大学卒業後、県内の公立中学校・小学校の社会科教員を経て、
飲食店を自営。専門学校の講師など兼任。
1998年（平成10年）父親（第15代住職）が往生し、
経営者、教職をやめて、第16代住職を継職する。

著書
「寺院経営がピンチ！　坊さんの覚悟」（2021年・アートヴィレッジ刊）
「浄土真宗の智慧」（2020年・アートヴィレッジ刊）
「ただでは死ねん」（2013年・創芸社刊）

終活支援団体
一般社団法人 わライフネット 代表理事

NHKカルチャーセンター高松 初級仏教の講師
FM815「たまだ和尚のここらでホッと一息つきましょう」
パーソナリティー

〒761-1701
香川県高松市香川町大野1325-2
TEL 087-885-2012
URL : https://www.syousanji.com/（称讃寺 香川）で検索
E-mail : s-tamada@shirt.ocn.ne.jp

中村メイコさんと山折哲雄先生に訊く
死に方の流儀

2023年1月30日 第1刷発行
著者——瑞田信弘
発行——アートヴィレッジ
〒663-8002 西宮市一里山町5-8・502
TEL050-3699-4954 FAX050-3737-4954
URL：https://artvillage.thebase.in/
カバーデザイン——西垣秀樹